纪元元 著

Research on the Construction of Virtual Aesthetics from the Perspective of Chinese Imagery Aesthetics

中国意象美学视域下
虚拟美学理论建构研究

中国财经出版传媒集团
经济科学出版社
北京

图书在版编目（CIP）数据

中国意象美学视域下虚拟美学理论建构研究/纪元元著. --北京：经济科学出版社，2023.8
ISBN 978-7-5218-5052-9

Ⅰ.①中… Ⅱ.①纪… Ⅲ.①美学-研究-中国 Ⅳ.①B83

中国国家版本馆 CIP 数据核字（2023）第 157214 号

责任编辑：杨　洋　卢玥丞
责任校对：杨　海
责任印制：范　艳

中国意象美学视域下虚拟美学理论建构研究
纪元元　著
经济科学出版社出版、发行　新华书店经销
社址：北京市海淀区阜成路甲 28 号　邮编：100142
总编部电话：010-88191217　发行部电话：010-88191522
网址：www.esp.com.cn
电子邮箱：esp@esp.com.cn
天猫网店：经济科学出版社旗舰店
网址：http://jjkxcbs.tmall.com
北京季蜂印刷有限公司印装
710×1000　16 开　10.5 印张　200000 字
2023 年 8 月第 1 版　2023 年 8 月第 1 次印刷
ISBN 978-7-5218-5052-9　定价：39.00 元
（图书出现印装问题，本社负责调换。电话：010-88191545）
（版权所有　侵权必究　打击盗版　举报热线：010-88191661
QQ：2242791300　营销中心电话：010-88191537
电子邮箱：dbts@esp.com.cn）

前　言

　　中国意象美学是中国传统文化的一大特色，它在艺术、哲学、文学等多个领域都具有重要的地位，并深刻影响着中国人的审美观念和文化价值观。而随着虚拟现实技术的快速发展和普及，虚拟美学作为新兴的研究领域，开始引起越来越多学者的关注和研究。

　　本书旨在以中国意象美学为视角，结合虚拟美学理论进行探究和建构，以期能够进一步推动虚拟美学理论的不断发展和实践创新。在研究过程中，我们旨在从以下几个方面进行探讨。

　　第一章为本书的引言，其中包括三节内容：研究背景和意义、研究目的和内容以及研究方法和途径，旨在对整篇研究提供全面的介绍和说明。

　　第二章主要探讨意象美学与中国传统文化之间的关系，包括意象美学的概念和发展历程、中国意象美学的特点和主要观点以及中国传统文化中的意象美学体现等内容。我们将通过分析这些方面来探讨意象美学与虚拟美学之间的联系和契合点。

　　第三章主要对虚拟美学进行了概述，包括虚拟美学的定义和范畴、虚拟美学与现实美学的关系以及虚拟美学的基本特征和主要观点等内容。通过对虚拟美学的全面介绍，我们将为后续章节提供理论基础和研究框架。

　　第四章主要探讨虚拟美学与艺术创作之间的联系，包括艺术创作中的虚拟美学元素、虚拟美学对艺术创作的启示和影响，以及艺术创作中虚拟美学的实践案例等内容。我们将通过具体的案例来探讨虚拟美学如何影响并改变艺术创作过程和结果。

　　第五章则从中国意象美学视域出发，对虚拟美学理论进行分析和建构，主要包括中国意象美学与虚拟美学的契合点、基于中国意象美学的虚拟美学理论构建以及具体案例分析及实证研究等内容。我们将尝试从中国传统文化的视角出发，给虚拟美学理论提供新的思路和方向。

第六章围绕虚拟现实技术进行探讨，主要包括虚拟现实技术的发展历程和应用领域、虚拟现实技术对美学创新的重要性以及虚拟现实技术在美学领域中的应用案例等内容。我们将从技术层面上来探讨虚拟美学的发展和应用情况。

第七章则是将虚拟美学与文化传承进行结合探讨，其中涉及虚拟美学的生成和发展、虚拟美学的形成条件、虚拟美学对文化传承的意义以及虚拟美学在文化传承保护中的应用等内容。我们将深入研究虚拟美学如何参与和推动文化传承，并探讨在这个过程中所面临的问题和挑战。

通过对上述章节内容的总结和概括，本书将致力于从中国意象美学的视角出发，对虚拟美学进行全面深入的探讨和建构，以期能够为数字时代的文化创新和人类文明进步作出更加积极的贡献。同时，我们也清楚意识到，在虚拟美学领域的发展速度非常快，因此我们也将保持一种谦虚的态度，不断更新和完善研究成果，以期能够更好地服务于社会和人类的发展。

本专著为《中国特色虚拟美学理论逻辑演进与美学价值研究》与《基于扎根理论的虚拟美学审美策略研究》的研究成果。

第一章 引言 / 001
  第一节 研究背景和意义 / 001
  第二节 研究目的和内容 / 004
  第三节 研究方法和途径 / 007

第二章 意象美学与中国传统文化 / 013
  第一节 意象美学的概念及其发展历程 / 013
  第二节 中国意象美学的特点和主要观点 / 018
  第三节 中国传统文化中的意象美学体现 / 024
  第四节 意象美学在当代文化中的表现 / 029

第三章 虚拟美学概述 / 034
  第一节 虚拟美学的定义和范畴 / 034
  第二节 虚拟美学与现实美学的关系 / 048
  第三节 虚拟美学的基本特征和主要观点 / 053

第四章 虚拟美学与艺术创作 / 064
  第一节 艺术创作中的虚拟美学元素 / 064
  第二节 虚拟美学对艺术创作的启示和影响 / 081
  第三节 艺术创作中虚拟美学的实践案例 / 084

第五章 中国意象美学视域下虚拟美学的理论分析 / 089

第一节 中国意象美学与虚拟美学的契合点 / 089

第二节 基于中国意象美学的虚拟美学理论构建 / 095

第三节 具体案例分析及实证研究 / 100

第六章 虚拟现实技术与美学创新 / 107

第一节 虚拟现实技术的发展历程和应用领域 / 107

第二节 虚拟现实技术对美学创新的重要性 / 114

第三节 虚拟现实技术在美学领域中的应用案例 / 123

第七章 虚拟美学与文化传承 / 135

第一节 虚拟美学的生成和发展 / 135

第二节 虚拟美学的形成条件 / 136

第三节 虚拟美学对文化传承的意义 / 139

第四节 虚拟美学在文化传承保护中的应用 / 143

第五节 虚拟美学面临的问题和挑战 / 146

第六节 虚拟美学在文化传承中的实践案例 / 150

第七节 虚拟美学与文化创新的互动关系 / 154

参考文献 / 163

第一章
CHAPTER 1

引　　言

第一节　研究背景和意义

近年来，随着科技的迅速发展和数字文化的日趋重要，虚拟美学作为一种新兴的艺术形式正在蓬勃发展。然而，虚拟美学的理论建构和其与传统美学之间的关系尚未得到深入研究。在中国传统文化中，意象美学是一种重要的美学理论，它强调意象的表现力和情感色彩，而这种理论普遍适用于虚拟美学的创作和研究。因此，在中国意象美学视域下研究虚拟美学的理论建构，具有重要的实践意义和理论价值。虚拟美学这种艺术形式以数字技术为基础，通过创造虚拟世界、模拟真实场景等方式来表现人类的想象和情感。然而，对于艺术家和设计师来说，如何将数字技术转化为艺术表现仍然是一个挑战。因此，研究虚拟美学的理论建构是非常必要的。

在中国传统文化中，意象美学是一种重要的美学理论，它强调意象的表现力和情感色彩。意象美学可以用来指导虚拟美学作品的创作过程和审美价值的体现。在中国文化传统中，许多意象和符号具有丰富的文化内涵，这些内涵可以被运用到虚拟美学作品中来反映中国文化的价值和精髓。通过虚拟美学作品的创作，在数字场景中运用传统文化中的意象，可以促进文化的传承和弘扬。例如，通过虚拟现实技术重建一些传统文化场景，如京剧表演、古代建筑等，可以让观众更好地了解和感受传统文化，并激发对传统文化的兴趣。在这个过程中，意象美学可以作为相关领域的理论支持，有助于保护、传承和弘扬中国传统文化。

研究虚拟美学的理论建构可以促进虚拟艺术作品的创新。虚拟艺术作品具有无限的潜力和可能性，但对于艺术家和设计师来说，如何将数字技术转化为艺术表现仍然是一个挑战。意象美学可以用来指导虚拟美学作品的创作过程和审美价值的体现。在中国意象美学视域下研究虚拟美学的理论建构，对于虚拟艺术作品的创新和推广具有积极的促进作用。研究虚拟美学的理论建构可以提高虚拟美学作品的审美价值，意象美学注重利用感性语言来表达情感与思想，在虚拟美学的创作过程中，也可以通过意象来表达人类的想象和情感。由于虚拟美学作品所包含的信息比较复杂，需要审美者具备较强的感知和分析能力。意象美学可以指导艺术家和设计师在创作过程中更好地利用象征、隐喻等手法，激发观众的想象和情绪共鸣。这可以提高虚拟美学作品的审美价值，从而吸引更多的观众参与其中。

数字技术的发展正在推动着一场文化革命，传统文化的数字化形式逐渐成为一个趋势。然而，在数字化时代，如何保护、传承和弘扬中国传统文化是一个亟待解决的问题。虚拟美学的应用提供了一种潜在的方向，可以通过虚拟场景还原、数字重建等方式来保护传统文化，同时提供更多的交互性和参与感，以吸引更多的年轻人参与传统文化的传承。在这个过程中，意象美学可以作为相关领域的理论支持，并能够为传统文化的数字化呈现提供一种崭新的思路。意象美学注重意象的表达力和情感色彩，可以指导艺术家和设计师在创作过程中更好地利用象征、隐喻等手法，从而反映出中国文化的价值和意义。在虚拟美学的创作过程中，也可以通过意象来表达人类的想象和情感。在中国传统文化中，许多意象和符号具有丰富的文化内涵，这些内涵可以被运用到虚拟美学作品中，反映出中国传统文化的价值和精髓。

同时，虚拟美学的应用也为传统文化的数字化呈现提供了一种崭新的思路。通过虚拟现实技术重建传统文化场景、展示历史文物等，可以让观众更好地了解和感受这些传统文化，并激发对于传统文化的兴趣。例如，在数字博物馆中,通过虚拟现实技术重建历史文物的形象,让观众在数字空间中亲身体验,进而更好地了解和认知传统文化。这样的数字呈现方式为传统文化在数字时代的保护和传承提供了一条全新的途径。

数字意象作品如图1-1所示。

图1-1 数字意象作品

资料来源:笔者AI绘制。

此外,虚拟美学的应用还能够增强参与感和交互性。通过虚拟现实技术,观众可以亲身进入虚拟场景中体验和参与,从而增强了观众的情感互动和参与感。这种交互性不仅可以吸引更多年轻人参与传统文化的传承,也有利于促进观众的情感共鸣和文化认同,加深人们对于传统文化的理解和喜爱。

虚拟美学是一种涉及多个学科领域的艺术形式,如计算机科学、工程学、设计学等。这就要求研究者必须具备跨学科的能力，在不同领域之间进行交流和合作，以实现虚拟美学的创新与发展。同时，意象美学则是一种涵盖了哲学、文化和美学等诸多领域的综合性学科，可以为虚拟美学的跨学科交流与合作提供有益的思考和方法论支持。意象美学关注意象表达的情感和价值，可以引导虚拟美学作品的创作过程和审美价值的体现。此外，虚拟美学的研究需要借助计算机技术和工程学知识。虚拟美学作品的制作需要使用计算机软件和硬件设备，需要熟练掌握计算机编程、3D建模、动画制作等技能。在这个过程中，设计学也扮演着重要的角色。设计师需要结合虚拟美学与意象美学的理论知识，对虚拟美学作品进行创意设计，以实现艺术效果的最大化。

因此，研究虚拟美学的理论建构可以促进不同领域之间的交流与合作。通过跨学科的交流与合作，可以促进虚拟美学的发展与应用。例如，在中国意象美学视域下研究虚拟美学的理论建构，可以从多个学科角度出发，进行相互协调和交流，提高虚拟美学作品的创作水平和反响。同时，虚拟美学的发展也可以推动不同领域之间的交流与合作，从而形成一个新的跨学科研究领域。

第二节　研究目的和内容

随着数字技术的不断发展，虚拟现实、增强现实等技术正在成为一种新兴的艺术形式，这就是虚拟美学。虚拟美学是一种跨学科的艺术形式，由软件技术、硬件设备、设计艺术、心理学、哲学等多个领域共同构成。在中国传统文化中，意象具有深厚的文化内涵和审美价值，因此，意象美学视角下的虚拟美学理论建构将有助于推动虚拟美学作品的创新与发展。

一、研究目的

本书旨在探索中国意象美学视域下的虚拟美学理论体系，从文化心理学、艺术哲学等多个角度出发，探讨虚拟美学的美学特征和审美规律。同时，以中国传统文化意象为基础，借助虚拟现实、增强现实技术等手段，探索如何运用意象美学视角下的虚拟美学理论去保护、传承和弘扬中国传统文化。希望通过跨学科研究的方法，促进虚拟美学理论与实践间的互动与融合，实现虚拟美学的创新与发展。

首先，本书将以中国传统文化意象为基础，探索其在虚拟美学领域中的应用价值。中国传统文化具有丰富的文化内涵和审美价值，在虚拟美学作品中可以通过运用中国传统文化意象来表达更深层次的思想和情感，并形成具有中国特色的虚拟美学风格。因此，本书将以中国传统文化意象为研究对象，分析其在虚拟美学中的应用，探讨虚拟美学作品如何更好地传承和弘扬中国传统文化。

其次，本书将从文化心理学和艺术哲学的角度出发，探讨虚拟美学的美学特征和审美规律。在现代社会中，虚拟美学已经成为了一种重要的审美方式和表达媒介，在各种游戏、电影、动漫等领域中都有着广泛的应用。因此，本书将通过探究虚拟美学作品的美学特征和审美规律，深入发掘其美学内涵和审美价值，为虚拟美学作品的创新和发展提供理论支持与实践指导。

最后，本书将通过跨学科研究的方法，促进虚拟美学理论与实践之间的互动与融合。虚拟美学是一个涉及多个学科的交叉领域，需要借助多种学科的知识和技能来进行创作和研究。因此，本书将以跨学科的方式进行研究，结合文化心理学、艺术哲学、信息技术等多个领域的研究成果，促进虚拟美学理论与实践之间的互动和融合，实现虚拟美学的创新与发展。

二、研究内容

本书的主要内容包括意象美学视角下的虚拟美学理论建构、中国传统文化意象在虚拟美学作品中的应用分析、基于意象美学视角下的虚拟美学理论对虚拟美学作品进行艺术鉴赏、利用虚拟现实和增强现实技术等手段还原传统文化场景和文物，并探讨如何通过虚拟美学实现传统文化的数字化呈现和传承，以及借助跨学科的研究方法，探讨虚拟美学理论与实践之间的互动与融合，推动虚拟美学的创新与发展。

（一）意象美学视角下的虚拟美学理论建构

虚拟美学是一个具有复杂内涵的领域，需要建构一个完整的理论体系来支撑其创作和研究。在此，本书围绕意象美学这一视角，从文化心理学、艺术哲学等多个角度出发，构建中国意象美学视域下的虚拟美学理论体系，深入探究虚拟美学的审美特征和规律，为虚拟美学作品的创作和鉴赏提供理论支持。

（二）中国传统文化意象在虚拟美学作品中的应用分析

中国传统文化具有丰富的文化内涵和审美价值，在虚拟美学领域中可以通过运用中国传统文化意象来表达更深层次的思想和情感。本书将以中国传统文化意象为研究对象，对其在虚拟美学作品中的应用进行深入剖析，分析虚拟美学作品如何利用中国传统文化意象来体现艺术与文化的结合，探求中国传统文化意象在虚拟美学作品中的文化属性和审美价值。

（三）基于意象美学视域下的虚拟美学理论对虚拟美学作品进行艺术鉴赏

本书将基于意象美学视域下的虚拟美学理论，对虚拟美学作品进行艺术鉴赏，并从视觉语言、感性审美等方面出发，分析虚拟美学作品所蕴含的审美价值和意义。通过此项研究，旨在推动虚拟美学作品的创新和发展，并为虚拟美学作品的艺术鉴赏提供理论依据。

（四）利用虚拟现实、增强现实技术等手段，还原传统文化场景和文物，并探讨如何通过虚拟美学实现传统文化的数字化呈现和传承

本书将借助虚拟现实、增强现实技术等手段，实现对传统文化场景和文物的数字化还原，并探究如何通过虚拟美学实现传统文化的数字化呈现和传承。此外，本书也将从文化保护的角度出发，探讨虚拟美学作品在传统文化保护方面的价值和作用。

（五）借助跨学科的研究方法，探讨虚拟美学理论与实践之间的互动与融合，推动虚拟美学的创新与发展

虚拟美学作为一个涉及多个学科的交叉领域，需要借助多种学科的知识和技能来进行创作和研究。因此，本书将采用跨学科的研究方法，结合文化心理学、艺术哲学、信息技术等多个领域的研究成果，探讨虚拟美学理论与实践之间的互动与融合。通过不同学科之间的交流和合作，形成一个全面、系统、深入的虚拟美学研究框架，同时也能够促进不同领域之间的知识和经验交流，达到相互借鉴、共同提升的目的。

第三节 研究方法和途径

一、实证研究

实证研究是虚拟美学领域中一种常用的研究方法，它通过调查、观察、实验等方式，对某个具体问题进行科学验证或实证。在虚拟美学领域中，这种方法能够帮助我们更加深入地了解虚拟美学作品所蕴含的文化内涵和审美价值，从而更好地推动虚拟美学创新与发展。

虚拟美学作品的意象特征、视觉语言等方面都是不可或缺的要素，因此，设计师可以在虚拟美学游戏等作品中运用这些要素，并在此基础上进行实证研究，以期发现更多的文化和艺术价值。例如，设计师可以基于中国传统文化意象，设计一个以"四季之花"为主题的虚拟美学游戏，并选择多种不同的花朵、色彩、材质来表现季节变化和自然景观。同时，他们还可以通过用户调查等方式收集游戏玩家的反馈，了解玩家对游戏体验和感受的评价。

更进一步，对于虚拟美学作品的创作和研究，除了应用实证研究方法进行分析之外，还需要注意以下几点。

首先，要充分理解虚拟美学的审美特征和规律，以期将其具体运用到

实践中。

其次，还需要遵循科学、合理、实际的原则，对虚拟美学作品进行设计和创作，并在此基础上通过实证研究等方法进行评估和改进。

最后，要注意虚拟美学作品与现实生活之间的关系。作为一种艺术形式，虚拟美学作品必须具备代表性、意义性、思想性等方面的特征，同时也需要与人们的现实生活相联系，真实地反映社会、文化、人类认知等各个方面的现实情况。

二、文献研究

文献研究是虚拟美学领域中一种重要的研究方法，它通过收集国内外门类齐备的文献资料，对虚拟美学作品、理论及相关技术进行全面系统的科学研究。这种方法能够帮助研究者了解虚拟美学领域的研究现状和趋势，同时借鉴其他领域的经验作为自身研究的参考。

在进行文献研究时，研究者可以从以下几方面入手。

首先，对于虚拟美学的历史背景和发展趋势，可以收集相关的国内外著作、期刊、会议论文等文献资料进行分析。通过分析这些文献，我们可以了解到虚拟美学是如何逐渐形成和发展起来的，发掘其中的演变规律和特点，为今后的研究提供思路和启示。

其次，对于虚拟美学作品的审美特征和文化内涵，可以收集相关的艺术设计、摄影、电影、游戏等方面的文献，以期深入了解虚拟美学作品的设计和创作过程，寻找其所体现的审美价值和文化内涵。

最后，对于虚拟美学技术的应用与发展，可以收集相关的计算机图形学、人工智能、虚拟现实等领域的文献资料进行分析。通过这些文献，我们可以了解到虚拟美学技术不断创新和发展的趋势和方向，为虚拟美学作品的设计和创作提供技术支持。

在进行虚拟美学的文献研究时，研究者需要注意以下几个问题。

首先，要选择门类齐备的文献资料，尽可能全面地了解虚拟美学领域的研究现状和趋势。

其次，要善于运用各种文献检索工具和方法，以快速高效地收集有用的文献资料。

最后，要注重文献资料的质量和可信度，避免误导和错误引用。

三、案例分析

案例分析是一种常用的虚拟美学研究方法，它通过对特定的虚拟美学作品或项目进行深入剖析，帮助我们发掘其创作灵感、意象特征、视觉语言等方面的共性和特点，从而总结出适用于中国意象美学视域下的虚拟美学作品创作的规律和方法。

在进行虚拟美学案例分析时，研究者需要注意以下几个方面。

首先，要选取具有代表性和影响力的虚拟美学作品或项目进行分析。这些作品或项目应该能够代表当前虚拟美学领域的最新技术和创作水平。

其次，要针对具体问题进行分类分析。例如，可以根据作品的意象特征、视觉语言、文化内涵等方面进行分类分析，以便更好地把握作品的审美特征和规律。

最后，要注重解读和总结。在进行案例分析过程中，研究者应该注重对作品的解读和总结，明确其所蕴含的文化和艺术价值，从而为今后的虚拟美学作品设计提供启示和借鉴。

举一个案例分析的例子，我们可以选取一款经典的虚拟美学游戏——"我的世界"。这款游戏以方块构建的像素风格和自由创造的玩法吸引了众多玩家，并在全球范围内产生了广泛的社会影响。针对该游戏，我们可以从以下几个方面进行案例分析。

首先，从意象特征来看，"我的世界"利用方块的构建方式营造出一种简约、抽象的视觉效果，其游戏场景中草木葱茏、春夏秋冬、水滨山林等元素也充分体现了季节变化及自然景观。

其次，从视觉语言来看，"我的世界"注重场景和角色的细节设计，力求营造出一个真实、立体、多样的虚拟世界。

最后，从文化内涵来看，"我的世界"所呈现的虚拟世界是一个自由、开放、包容的社区，吸收了不同文化背景的玩家的创意与想象，在其中探究、创造、交流。

通过对"我的世界"这款游戏的案例分析，我们可以总结出创建具有代表性和文化内涵的虚拟美学作品需要注重表现季节变化和自然景观、注重场景和角色的细节设计以及打造一个自由、开放、包容的社区等方面，为今后的虚拟美学作品创作提供了一定的指导和参考。

四、实践探索

在虚拟美学领域中，实践探索是非常重要的。通过将理论知识与实践相结合，可以不断完善虚拟美学理论体系和技术手段，同时也能够推动虚拟美学作品的多元化创作和应用。例如，可以利用虚拟现实等技术手段，在虚拟环境中构建有关中国传统文化的虚拟场景，让观众呈现栩栩如生的沉浸式体验，感受到中国传统文化的内涵和价值。

在进行虚拟环境构建时，需要注意以下几个方面。

首先，要充分了解目标用户的需求和心理特点。通过调研和用户反馈等方式，了解用户对于虚拟场景的期望和评价，从而更好地把握虚拟环境构建的方向和内容。

其次，要选择适当的虚拟现实技术手段。对于虚拟环境构建，我们可以借助VR、AR等虚拟现实技术手段，通过硬件设备和软件系统的结合，实现真实感和沉浸感的提升。

最后，要注重细节设计和优化完善。在虚拟环境构建过程中，研究者需要注重场景和角色的细节设计，力求营造出一个真实、立体、多样的虚拟世界。同时还要注意面向用户的优化和完善，不断改进用户体验和感受。

以"中国传统古建筑的三维建模与虚拟漫游"为例（见图1-2），我们可以借助三维建模技术，将传统建筑的结构、装饰、材质等元素进行数字化建模，并通过虚拟现实技术实现沉浸体验。在虚拟环境中，观众可以自由漫游、近距离观察和感受传统建筑的内涵和艺术价值，同时也能够加深对于中国传统文化的认知和理解。

图 1-2 中国传统古建筑的三维建模

资料来源：笔者 AI 绘制。

五、专家访谈

专家访谈是极为重要的虚拟美学领域的知识交流和思想碰撞方式之一。通过邀请相关领域的专家学者，就某个问题或主题进行深入交流和讨论，可以获取其专业见解和思考，进一步完善虚拟美学理论体系和技术手段，推动虚拟美学作品的多元化创作和应用。

在组织虚拟美学领域的专家座谈会或学术研讨会时，需要注意以下几个方面。

首先，要确定好讨论的主题和议程。作为主办方，需要明确讨论的问题和议程，并邀请相关的专家学者参与讨论。

其次，要确保专家学者具备相关背景和经验。由于虚拟美学涉及广泛而复杂的领域，因此参与讨论的专家和学者必须具备相关的背景和经验，以便提供深度的专业见解和建议。

最后，要注重讨论结果的总结和反馈。在讨论结束后，需要对讨论内容进行归纳和分析，提取出有价值的结论和建议，并根据这些结论和建议进一步完善虚拟美学的理论和技术手段。

以虚拟美学在中国传统文化中的应用为例，可以组织一次专家讨论会，邀请从事虚拟美学、传统文化等相关领域研究的专家和学者参加。讨论主题可以包括虚拟美学如何更好地表现中国传统文化的内涵和艺术价值、虚拟美学在传承和弘扬中华传统文化中的作用等。通过讨论，可以探讨虚拟美学与传统文化的融合，提出新的创意和想法，并为推进虚拟美学发展和应用提供更为深入的思考和建议。

第二章
CHAPTER 2

意象美学与中国传统文化

第一节 意象美学的概念及其发展历程

一、意象美学概念及中国发展史

意象美学是一种将意象视为艺术创作和欣赏的核心元素的美学理论。它强调意象在主观、情感和想象方面的重要性，认为艺术作品不仅仅是具有形式美，更应该包含着丰富而深刻的内涵，从而能够引导人们探索和反思生活本身。下面就意象美学的概念及其发展历程进行详细介绍。

意象理论在中国起源很早，早在3000多年前的《周易·系辞》已有"观物取象""立象以尽意"之说①。不过，《周易》之象是卦象、是符号，是以阳爻阴爻配合而成的试图概括世间万事万物的六十四种符号，属于哲学范畴。诗学借用并引申之，"立象以尽意"的原则未变，但诗中之"象"已不是卦象，不是抽象的符号，而是具体可感的物象。

---

① 任犀然：《彩图全解周易》，中国华侨出版社2013年版。

意象是指用具体的物象来表现诗人的主观情感、思想和意境，达到阐述主题或氛围的目的。这种语言艺术在中国的古诗中发展得尤为独特和丰富。

在古代，中国诗人一般通过立体的视觉形象，将自己内心深处的感情和意境展示给读者。例如，《卿云歌》中"卿云烂兮，糺缦缦兮，日月光华，旦复旦兮"[①]所描绘的天空就是纯粹的意象，不仅能够唤起读者对美好事物的联想，而且可引起读者的情感共鸣。因此，作为诗人，理解意象并善于使用它，可以帮助他们更加深刻地传递自己的情感与思想。

中国诗学强调"情"与"景"、"心"与"物"、"神"与"形"的关系，这种关系在意象的运用上得到了淋漓尽致的呈现。以《赋得古原草送别》为例，白居易通过对草原的描绘，感慨生命的短暂和自己与友人的分别，表达了深刻的离愁别绪。这种寓情于景、使用具有象征意义的手法，使诗歌更具生命力和感染力。

意象艺术能够发挥比喻作用，让人们在看到特定的物象时，将其与特定的情感和思想联系起来，从而产生共鸣和自由联想。在中国古典文化中，汉字是一种独特符号，也带有强烈的意象性。汉字作为象形文字已经渐渐抽象化，但其残存的象形特征仍然对于诗的意象表达有着不可替代的作用。

随着现代社会的发展，意象逐渐成为了视觉艺术领域的重要元素。例如，油画中使用的色彩和线条，可以用来表达画家内心的情感和思想，拉近观众与作品的距离。

二、西方意象美学的起源

西方意象美学最早出现于20世纪初期，由法国哲学家卡斯顿·巴切拉德（Gaston Bachelard）提出。他反对传统美学只注重艺术作品的形式和技巧修饰，而忽略其所表达的意义和精神内涵。巴切拉德认为，艺术作品应该被看作是主观想象的表述，意象的产生和运用是艺术创作和欣赏的基本原则。他提出了"意象采掘术"（La psychanalyse du feu）和"意象成长

---

① （清）皮锡瑞撰，吴仰湘点校：《尚书大传》，中华书局2022年版。

史"(La poétique de l'espace)等多种理论,阐述了意象对于人类生活和文化的影响。

三、西方意象美学的发展历程

随着时间的推移,意象美学逐渐得到了更为广泛的应用和发展。

(一) 弗洛姆的思想

德国人类学家艾里希·弗洛姆(Erich Fromm)在1955年出版的《爱的艺术》中,提出了对意象美学的新阐释:意象是一种人类特有的情感想象,它反映了人们对于自身以及对生命、幸福、理想等价值观念的认知。他提出:"没有我们内心深处的意象,我们的感情就不可能被激活。"① 因此,他指出,要理解一个人的情感状态,必须深入了解他所拥有的意象。

(二) 荣格的贡献

瑞士精神分析学家卡尔·古斯塔夫·荣格(Carl Gustav Jung)也对意象美学作出了重要贡献。他提出了"集体无意识"的概念,认为每个人都拥有许多共同的经验和文化背景,这些共同点可以形成一种"集体无意识"的思维模式,引导人们感知和体验世界②。荣格进一步将意象概念应用于人类心理学领域,开创了"沙漏意象""影子意象"等多种意象类型的研究。

(三) 西奥多·阿道诺的思想

德国哲学家西奥多·阿道诺(Theodor Adorno)在20世纪50年代和60年代发表了一系列关于现代艺术和文化的批判性文章,进一步推动了意象美学理论的向前发展。他认为现代社会充斥着形式化、标准化、消费化的文化产品,缺少个性特色和精神内涵,因此必须回归到人类体验和情感之中,从而重新找到真正有价值的艺术作品。

---

① [美]艾里希·弗洛姆,赵福堂译:《爱的艺术》,上海译文出版社2018年版。
② [瑞士]荣格:《论分析心理学与诗的关系》,译林出版社2011年版。

（四）后现代主义的出现

随着 20 世纪后期的来临，后现代主义成为了意象美学的一个重要分支。在后现代主义中，人类意识和文化被重新审视，强调多元性、相对性和反叛精神，在艺术表达中鼓励个体独创性和多样性。在这种思想影响下，艺术作品中不存在唯一正确的理解方式，每个人都可以有自己的解读和情感体验。

四、意象美学的应用领域

今天，意象美学被广泛应用于多个领域，包括艺术、文学、心理学、教育、媒体等。它不仅是美学理论，还是一种文化现象，反映了社会进步和人类精神发展的历程。

（一）艺术领域

意象美学是一种在艺术领域中广泛应用的理论和方法，指导了许多优秀的艺术家和作品。它通过信息的联想、感受的传达、心灵的沟通等方式，在观众与作品之间产生共鸣和情感交流，从而让作品流露出更深层次的含义和价值。

印象派是意象美学的典型代表，其主要特征是强调色彩与光影的变幻和变化，追求再现视觉印象的瞬间感受。这种感受是短暂而且无法准确描述的，因此印象派画家们依靠夸张、柔和、分离、重复等技巧来表达色彩和光线的变化。他们试图打破传统绘画的束缚，将真实的景象转化为感性的印象，让观众通过色彩的变化产生情感的体验。

致幻画派则利用药物或催眠等手段，创造出具有幻觉效果的画面和形象。致幻画派在 20 世纪 60 年代达到高峰，其作品充满了神秘、奇异、幻觉和幽默等元素，从而达到了一种心灵的超越。

抽象表现主义也是意象美学的重要流派之一，它强调艺术家内在情感的表达和释放，通过形式与色彩的抽象来传达情感和思想。抽象表现主义画家们使用油漆、颜料等材料，在巨大的画布上施加力量和动作，创造出浓郁的色彩和强烈的形式感，使作品充满了生命力和冲击力。

（二）文学领域

在文学领域，意象美学被视为一种非常重要的写作手法，它通过具体、形象的描绘来传达作者内心情感和主题的深层含义。各个历史时期和地区的文学作品都有着极其丰富而独特的意象表现。

例如，在中国古典诗歌中，意象经常通过自然界的景物来呈现，如山川、水流、花草等。这些景物并不只是作为某种描述被使用，更多的是透过它们所表现出来的情感、想象、主题等方面与读者产生联系。宋代李清照的《如梦令》中"昨夜雨疏风骤，浓睡不消残酒。试问卷帘人，却道海棠依旧"①，通过描述泼雨的夜晚和若隐若现的海棠花，表达了作者的哀怨情感，让读者联想到大自然、人与人之间的情感关系，从而增强了作品的感染力和艺术性。

在西方文学中，也有很多具有代表性的意象，如在莎士比亚的《哈姆雷特》中，"to be or not to be"一句话中的"to be"，不仅表达了人生的意义和价值，也成为了经典的文学意象。

（三）心理学领域

在心理学领域，意象美学被广泛用于人们的内心表达和自我认知。它可以帮助人们深入探究潜意识深处的想法、情感、欲望及创造力等方面，从而更好地了解自己并增强内心的平衡和调和。

通过意象，人们可以了解到自己的思维模式，以及这些模式如何塑造自己的价值观和行为方式。例如，如果一个人经常使用负面的意象，如黑暗、重压等，他可能会有一种沮丧和失落的情绪，并倾向于作出消极的选择。而如果一个人经常使用积极的意象，如光芒、希望等，他则往往会保持乐观的态度，并作出更积极的决策。

意象还可以帮助人们探究自己的创造力。很多伟大的艺术家、作家和创意人士都使用意象来激发自己的创造性思维。通过描绘不同的场景、形

---

① （清）朱孝臧：《宋词三百首》，中国华侨出版社2013年版。

象和情感，他们可以激发自己的灵感，并产生新的想法和创意。

此外，意象也可以用于治疗心理问题。在心理治疗中，意象被用作一种治疗手段，可以帮助患者了解自己内心的情感和冲突，并促进思维和情感的转化和调和。通过让患者想象某些特定的场景或形象，治疗师可以帮助患者探究这些象征和隐喻背后的真实含义，并从中获得更深层次的启示和洞见。

（四）教育领域

意象美学在教育领域中具有重要作用，它可以帮助学生更深入地了解文化和社会背景，启发他们的想象和思考能力，并提高他们的写作和表达水平。

通过研究、分析和欣赏不同文化和历史背景下的诗歌、小说、绘画等艺术作品，学生可以了解到文化的多样性和发展变革的历程。同时，这些作品也包含了丰富的意象元素，可以让学生通过感性理解来更好地把握其中蕴含的思想和情感，从而扩大自己的视野，并提高自身的人文素养。

此外，意象美学还可以帮助学生提高自己的写作和表达水平。学生通过运用各种具象、形象和隐喻方式，可以使自己的作文或演讲更加生动、形象和富有感染力。例如，用光芒、彩虹等意象来描述一个事件或一个人物，能够更好地引起读者或听众的共鸣与体验。

最后，意象美学也可以激发学生的想象力和创造力。学生可以通过想象各种场景或形象，开拓自己的思维边界，挖掘潜在的创意和想法。这不仅可以增强学生的创造力，还能够促进他们在解决问题、表达思想等方面的能力提升。

综上所述，意象美学是一种非常重要的美学理论，强调影响人类情感和想象的意象在艺术创作和欣赏中的重要性。它从不同角度和领域探讨了意象的产生和运用，为我们更好地理解艺术与文化提供了新的视角。

第二节　中国意象美学的特点和主要观点

中国意象美学是一种独特而深刻的审美理论，它以中华文化特有的哲学思想为基础,探究了意象在艺术和文学中的作用、价值和内涵。下面详细介绍中国意象美学的主要特点和观点。

一、以"气""境"为核心概念

中国意象美学中,"气"和"境"是意象美学思想的核心概念。

"气"的概念源自中国古代哲学思想,早在汉代的《庄子》当中就有"神之所加,气之所游"的表述。在《易经》中,"气"亦被称作"靈氣"或"天地之气",是存在于自然界中的生命力量,在形而上学意义上则代表了人的精神和情感维度。中国意象美学将这种精神和情感的元素融入到艺术和文学作品中,运用"气"来启发和激活意象的生成和转化过程。例如,在唐诗《登高》中,"无边落木萧萧下,不尽长江滚滚来"[①]体现了意象由"气"所激发的庞大、雄浑和奔放的力量。

与"气"密切相关的"境"则是指外部环境和人的社会生活状态,它们共同构成了意象的生成和转化过程。具体来说,艺术家通过对自然、人文环境的观察和感受,在"气"的启迪下创造出无数的意象形象。但是,这些意象形象并不是被孤立存在的,它们需要在一个特定的"境"中得到调整和运用,才能真正表达出深层次的内涵和价值。例如,在唐代诗人王之涣所作的《登鹳雀楼》一诗中,"白日依山尽,黄河入海流"[②],"白日"和"黄河"都是被"气"所激发的象征,在与"境"的融合中呈现出深刻的意义。

在意象美学理论当中,"气"和"境"的相互配合还具有很强的相对性和历史性。因为"气"和"境"都是处于变化之中的,艺术家所创造的意象形象也是时代和社会背景所决定的。例如,隋唐时期流行的山水画,在宋元时期逐渐演变为优美淡雅的湖山诗。而明清时期则更注重细腻和抒情,在诗歌中大量采用花鸟虫鱼等小品意象来表达对生命的渴望和追求。

---

① (唐)杜甫:《登高》,引自曹寅、彭定求:《全唐诗》,扬州诗局刻本1706年版。
② (唐)王之涣:《登鹳雀楼》,引自曹寅、彭定求:《全唐诗》,扬州诗局刻本1706年版。

二、注重形象隐喻的使用

隐喻是中国意象美学中的重要元素。它是文学作品中通过使用形象来暗示或表达某种抽象意义，从而引发读者情感和想象力的重要手段之一。

在中国古典诗歌中，隐喻的使用非常普遍。例如，唐代诗人李白的《将进酒》中，"君不见黄河之水天上来，奔流到海不复回"① 运用了"黄河之水"这一具体的事物形象来隐含表达作者壮志凌云、志存高远的境界。又如唐代诗人王之涣的《登鹳雀楼》中，"白日依山尽，黄河入海流"②，"白日"与"黄河"均为具体形象，但所代表的却是智慧和境界，让读者产生一种兴趣和共鸣。这些隐喻不仅使文学作品更富有艺术性，同时也增强了作品自身的思想内涵。

隐喻的功能不仅局限于文学作品，而且在其他领域中也有着广泛的应用。例如，在政治、商业等领域中也经常使用隐喻以达成某种目的。如在政治宣传中，使用某些具体形象，来表达更宏大的意义或理念。而在商业广告中，有时也会采用隐喻手法来引起消费者的共鸣和兴趣。这种应用方式与文学作品中的隐喻虽然形式不同，但是都体现了隐喻作为一种有效的表达方式的重要性。

隐喻的使用对于人类的思维、情感、想象等方面都有着很大的促进作用。通过隐喻，我们可以将抽象概念转化为具体的形象，并以此来激发读者的情感和想象力。例如，在李白的《将进酒》中，"黄河之水"就使得作者的壮志凌云变得生动而有气魄，让读者有了深切的感受。同时，隐喻也让读者能够自由地想象和联想，从而进一步加深对于作品内涵的理解和认识。这种启迪人类想象和情感的途径，正是隐喻作为文学表达方式所特有的优势。

---

① （唐）李白：《将进酒》，引自曹寅、彭定求：《全唐诗》，扬州诗局刻本1706年版。
② （唐）王之涣：《登鹳雀楼》，引自曹寅、彭定求：《全唐诗》，扬州诗局刻本1706年版。

三、重视情感共鸣和精神追求

中国意象美学认为，艺术作品不仅在于它的形式美，更在于它能够触动读者的情感和思想，并引导他们进行精神上的追求与启示。因此，情感共鸣和精神追求是中国意象美学中非常重要的两个方面。

情感共鸣是指艺术作品能够引发读者内心深处的情感共鸣。李白的诗《静夜思》中的"床前明月光，疑是地上霜，举头望明月，低头思故乡"[①]便是一个充满情感共鸣的例子。这首诗运用了清新、简约的语言和具体的意象，表达了诗人对故乡的思念和对自然美好的感叹。这些意象通过诗人的转化和组合，进一步唤起读者内心深处的感受和情感，让读者能够产生对于家乡、往事等主题的情感共鸣。情感共鸣不仅让读者更加贴近文学作品，而且也能够增强读者对于作品内在意义的理解和认识。

精神追求则是指艺术作品所传递出来的精神追求和哲学思考。在诗歌《静夜思》中，诗人通过意象的运用和对自然、故乡的描绘，进而引出了人生的哲学追问和思考："举头望明月，低头思故乡"，这一句表达了诗人对于人生的追问和对于故乡情怀的感慨。作品所体现出的思想内涵，不仅可以让读者深入思考人生的意义，对自然、故乡等事物的理解和认识，同时也能够引导读者提高精神上的追求。

艺术作品所具有的情感共鸣和精神追求是中国意象美学中非常重要的两个方面。因为艺术不仅是为了追求形式上的完美，更在于打动人心、影响人的思想、启迪人的灵魂。只有当艺术作品具备了情感共鸣和精神追求这两个方面时，才能够成为真正意义上的优秀作品，并且能够传递给读者更加深入、全面的文化信息和价值观念。

四、整合传统文化财富

中国意象美学是中华传统文化的瑰宝之一，而且在与传统文化的结合

---

① （唐）李白：《静夜思》，引自曹寅、彭定求：《全唐诗》，扬州诗局刻本1706年版。

中发挥着独特的价值。中国古代经典文学、绘画和建筑等艺术形式通过深刻的意象观念来表达创作者的思想和审美情趣,从而创造了众多的艺术珍品。

中国古代文学是中国意象美学的重要载体之一。唐代诗人白居易所提出的"文章合为时而著,歌诗合为事而作"[①]的思想即是鼓励在文学创作中融合人类社会发展的主题与意象美学的观念。古代文学作品通过运用各种意象,以一种富有符号意义的语言来表达创作者所追求的精神境界和价值取向。如唐代杜甫的《登高》一诗中,"风急天高猿啸哀,渚清沙白鸟飞回"[②],通过对自然景象的描写,表现出诗人内心的激情和豪迈。这些意象使得诗歌不仅具有了艺术性,更能够引领读者进行内心的感悟和反思。

绘画也是中国意象美学中不可缺少的艺术形式。中国传统绘画注重寄情于物,强调运用色彩、线条等手法来表现意境和情感。如《清明上河图》中,画家通过精细逼真的描绘,生动地把南北两岸的百姓、工作场面、建筑设施等都具象化地呈现出来,不仅体现了当时社会的生活状态,更通过这些具体事物所蕴含的意象来反映出时代的文化特征。这种以意象为核心、具象为基础的画风,赋予了绘画作品更深邃的内涵和审美价值。

另外,建筑艺术也是中国意象美学的重要组成部分。中国传统建筑设计主张取其灵气自然,倡导根据周围环境的条件和人类活动的需要来创造与自然和谐交融的建筑空间。例如,北京颐和园就是中国传统建筑艺术与自然之美相得益彰的完美体现。其中水、山、林等天然景观被恰到好处地融合在建筑空间中,既表现了儒家"天人合一"思想,又展现了中国传统文化对于自然及其意象的热爱和推崇。

五、探究永恒的哲学问题

中国意象美学具有哲学性和思辨性的特点,注重通过艺术作品来探究

[①] (唐)韩愈:《昌黎先生集》,国家图书馆出版社2019年版。
[②] (清)蘅塘退士:《唐诗三百首》,中国华侨出版社2013年版。

一些永恒的哲学问题。这些问题涉及宇宙的起源、人生的意义、生死的转换等，都是人类智慧和思考的重大议题。而中国古代诗歌、绘画等艺术形式，则是通过深入的意象描写，将艺术家的个人哲学观念传达给大众，引发对生命本质和智者权威的思考。

一个经典的例子是唐代诗人李白的《将进酒》。这首诗以君王之口倡导"纵情且少年"为主旨，表达了诗人在每一次人生转折中追求自我、超越自我的精神，并借用文化意象来凸显这种情感与理念的宏大力量。此外，这首诗还以无与伦比的浓郁诗意，抒发出多元化的思想和情感，使得读者可以在其中寻找到共鸣与启示。

同样，中国传统绘画不仅表现在技法和形式上，更在其背后体现了许多大师的哲学思考。例如，明代画家唐寅的《于黄山寻访道士图》，作品中展现的崇高山岳与神秘道士，以及"前方透过雾霭射出的微弱阳光"，都是通过细腻的意象表达出作者对于自然、生命、超验世界等哲学问题的思考和探究。

除此之外，中国传统建筑设计中也体现了大量的哲学元素。例如，北京的故宫（紫禁城），作为中国古代宫殿建筑的典范，其设计充分展现了儒家的中庸之道和天人合一的哲学思想。故宫的建筑布局严谨对称，体现了儒家重视秩序和社会等级的观念。同时，建筑群的轴线与自然地理特征相结合，如背靠景山，面向开阔的天安门广场，既体现了对自然的尊重，也彰显了帝王权力的中心地位。

六、融会东西方文化精粹

中国意象美学是中国传统文化的珍宝之一，也是东方艺术和哲学的重要代表。然而，随着不同文化之间的交流日益频繁，西方文化对于中国意象美学产生了很大的影响。通过融汇两种不同的审美经验和文化传承，可以使得意象美学更加丰富多彩、应用范围更广，并在全球范围内发挥更大的作用。

中国传统文化中最具代表性的著作《周易》中，就有许多与西方美学理论相契合的观念。例如，其中提到了"形而上者谓之道，形而下者谓之器"①,这一观点与西方哲学中"本质"和"现象"之间的区分十分相似。这种类比和对接源于两种文化对人类智慧和审美感受的共同追求,为跨文化交流提供了广度和深度。

此外,在艺术领域,东西方文化的交流也显著影响了中国意象美学的创新和发展。例如,中国早期的艺术品中经常出现的骑士形象,恰好与欧洲中世纪时期类似,体现了两种文化之间在艺术表达上的相互影响。在近代,许多西方先进艺术概念如"抽象派"和"现代派"的思维方式也逐渐在中国艺术家中得到应用与发展。

更进一步地,意象美学的融合与交流不仅仅依赖于跨文化传承,还需要通过具体的行动来实现。例如,在当今世界范围内,中西文化相互学习和交流已经成为日益重要的趋势。许多学者、艺术家跨越国界进行创作和研究,从而推动了意象美学思想的发展和交流,并使其在东西方各自的历史和文化传承中萌芽生长。

第三节 中国传统文化中的意象美学体现

中国传统文化是源远流长的文化,它不仅包含了丰富的哲学、宗教、道德和文学艺术等方面的内容,还体现了中国人独特的意象美学。中国传统文化中的意象美学是指通过各种象征符号来表现人们对世界、生命和自然的感知,是一种充满深意、富有哲学思考和文化感染力的艺术体现。下面将围绕古代神话传说、诗歌文学、绘画艺术和建筑设计等方面,分别探讨中国传统文化中的意象美学体现。

一、古代神话传说

古代神话传说是中国传统文化中意象美学的最早体现。自古以来,大部分中国人就相信那些超越实际经验的力量,并将其编写成了一系列极为壮观、

---

① 孔子后学:《易传》,引自黄寿祺、张善文:《周易译注》,上海古籍出版社1989年版。

优美、深刻的神话故事和传说，这些故事在人们心中留下了深刻的印象。

在中国的神话故事中，不仅有许多富有哲理和生活智慧的寓言，还存在着很多与宇宙起源、人类命运等相关的大型宏伟故事。例如，在中国的传统神话中，女娲补天是一个以修复天空为主题的神话故事。这个故事表明了中国先民认为女娲是人类的始祖，而她可以使用各种自然元素，如五色土、琼浆、玛瑙等物料来修复天空。这样的故事以巨大的想象和创造力，使得中国的神话故事具备极高的审美价值。

此外，在中国神话故事和传说的漫长历史中，还有一些蕴含深厚文化内涵的象征符号。龙、凤、麒麟等动物在中国文化中都有着非常重要的意义。例如，龙作为一种神圣的象征，代表着权力和吉祥；凤则被视为女性之美、爱情和幸福；麒麟则是传说中聪明勇敢的独角兽，代表着仁慈和善良。这些象征符号不仅是古代神话故事的主要元素，而且成为了中国文化中拥有极高审美价值的标志。

同时，在中国古代神话和传说中，还囊括了许多关于自然和人类生命基本问题的巨大哲学思考。例如，《山海经》中记载了大量奇异景观和神秘生物，它们虽然看起来虚无缥缈，但却揭示了中国古人对自然现象和万物之间关联的深入思考和探索。这样的思想能够使人们超越眼前的实际，探寻生命和宇宙的奥秘，并为人类提供更加深沉的思维体验。

总之，古代神话传说是中国传统文化中最为精彩、丰富、耐人寻味的部分之一。通过丰富和有趣的故事情节，神话传说演绎了古代中国人对于自然、生命及神秘力量探索的思考历程，以及对生命哲理与意义的深入思考。这些故事中包含着极高的审美价值和道德教育意义，并在中国的文化传承中起到了重要作用。同时，它们也为人类文化交流提供了一个广阔的空间和思想大陆，为全球范围内的文化传播与和谐互动奠定了坚实基础。

二、诗歌文学

从古至今，中国的诗歌一直扮演着文化和精神的重要角色。从诗经到唐诗，再到现代的新诗、现代诗歌，中国古代诗歌的瑰丽多彩、多田园风光、多城市智慧、多抒情情感令人感叹不已。中国的古代诗歌不仅是文学的精髓，更是中国优秀文化与人类世界文明遗产的重要组成部分。

中国传统诗歌最杰出的代表之一是唐诗，其在中国文化中的地位是独一无二的。唐代正值中国文化的黄金时代，在经济、文化和政治方面都十分繁荣。此时的文化环境为人才量身打造了一个巨大的舞台，使得许多优秀的文人墨客能够在这一时期发挥自己的才华。

唐诗的最大特点是清新和简洁。其中许多作品通过意象来表达作者的思想和情感，这些意象对于普通读者而言都是具有启发性的。例如，王之涣的《登鹳雀楼》告诉我们应该珍惜现在、抓住机会，不留遗憾；李白的《静夜思》里的"床前明月光，疑是地上霜"[1]的意境，通过巧妙地呼应，显得深邃而又静美；在李白的《将进酒》中，浪漫恣肆的气息和雄壮豪放的诗句令人如痴如醉。这些优美的意象如同流云般，通过文学的表达手法，掠过人们的视野，留下不朽的美好印记。

中国的诗歌之所以具有如此高的艺术品质和文化价值，在于它是一种具有精神内涵和哲学思考的文学形式。它是一种通过语言和想象力表达人的信仰、理想和思想的艺术形式。传统诗歌强调的是"意象美学"，即运用抽象的意象、象征、隐喻和联想等手段，来表达诗人内心深处的情感和思想。例如，杜甫的《登高》："风急天高猿啸哀，渚清沙白鸟飞回。无边落木萧萧下，不尽长江滚滚来。"[2] 其中，"风、天、猿、啸、哀、渚、沙、白、鸟、无边落木、长江"等词汇，往往是抽象、具有象征和隐喻意义的，需要从中去深入揣摩，才能领略到杜甫表达的情感和思想。

传统诗歌的语言艺术还表现在对语言细腻而丰富的运用上。在古代的诗歌中，诗人会选择一些音韵和谐、朗朗上口的词语表现在自己的作品里。这种语言艺术极大地提高了诗句的质量和文学的审美价值。例如，李白的《庐山谣寄卢侍御虚舟》中，"我本楚狂人，凤歌笑孔丘。手持绿玉杖，朝别黄鹤楼。五岳寻仙不辞远，一生好入名山游。庐山秀出南斗傍，屏风九叠云锦张。"[3] 这种不枯燥、不生硬的语言艺术，极大地增添了诗歌意象的深度和美感，也为古典的诗歌带来了万千精彩的世界。

传统诗歌的音律方面我们也不能忽略。中国传统的诗歌都带有一种明

---

[1][2][3] （清）蘅塘退士：《唐诗三百首》，中国华侨出版社2013年版。

显的音乐性,这种音乐性是通过对韵脚和节奏的巧妙运用来完成的。在传统诗歌中,由于韵脚相同,音同义异的词汇节奏感强,可以带来恰到好处的旋律感。例如,《静夜思》的韵脚在"光""霜"和"双""床"等地方,声音悠扬,非常优美。

历史上,中国的诗歌唯美主义在文化上产生了深刻而美好的影响。它们不仅仅是一个时代的文化符号,同时也是一个国家的文化象征,更是一个文化的传承者。他们的诗歌凝聚了对智慧、思维、哲学、道德、伦理文化和观念的独特理解和认识,这些都以神秘主义、神学、哲学和心理学等多种学科为基石展现了出来。通过了解他们的作品,我们通常能感受到他们所想表达的思想、情感和精神世界。

总之,中国传统诗歌作为一个蕴含思想的文学形式,在人类文明史上具有不可忽视的地位。它是历史、民族和文化的见证,是反映和推进经济、政治和文化发展的文化载体。通过诗歌,我们可以在时间和空间的跨越中,感受那个时代的文学魅力,共同探寻当时的文化背景,目睹精神世界的多姿多彩。

三、绘画艺术

中国的绘画艺术是中国传统文化中最具代表性的艺术形式之一。它的形成和发展与中国人的生产、生活、思想及历史发展的不同阶段相联系,在长期的艺术实践中传承下来,成为中华民族的艺术瑰宝。

中国绘画有着悠久的历史,最早的文物出土于新石器时代的长江流域。东汉时期,中国绘画已经逐渐发展为独立的艺术门类,随后在隋唐时期达到了较高的艺术成就。宋、元、明、清四个朝代是中国绘画的鼎盛时期,在这段时期里,绘画艺术逐渐形成了单色画、重彩画、工笔画等不同的画派。中国绘画透过物象反映出了优美的人生哲学和审美情趣,并成为中华民族文化的重要组成部分。

中国绘画的题材广泛,主要包括山水、花鸟、人物等。其中,山水画是最为典型的中国画。中国山水画以描绘自然景观著称,包括山、水、云、雾等,如花田、草原、林泉等。画家们不仅要描绘景物的形态轮廓,还要注重画面的韵律和表现技法。在中国山水画中,绘画家们通过山水的意境和情感,寓意自己对自然的理解和追求,或者追求内心的宁静和纯净。它们往往不是对真实自然的准确记录,而是以意境为主的。山水画给人以自然之美和唯美主义的感觉,是中国绘画中独特的艺术表现方式。

花鸟画是中国绘画的又一重要流派,主要描绘植物和动物形态的美丽。花鸟画给人以细腻、柔和、宁静的美感,它也是中国绘画另一独特的表现形式。花鸟画中,花朵的寓意通常是优美和纯洁,而鸟的形象则常被解释为自由和美好。艺术家们在绘画中,通过花鸟的形象来表达对自然的追求和对人生的向往。

中国绘画是一种高度象征性的艺术,艺术家们常常通过画面中各种道具的运用来表达对人生的深刻理解,如书、笔、千里镜、蜡烛等。它们不仅具备实用功能,而且在画面中有着丰富的象征性和内涵,为人们提供了一个开放的想象空间,可以从中发掘到更深的文化、历史和思想的内涵。

总的来说,中国的绘画艺术是中华民族文化中独特的一部分,它展示了中国人对自然、人生、文化、历史和社会的深刻思考和理解。随着社会的快速发展和文化的多元化,中国绘画的传承与发展,既面临机遇,也充满着挑战。我们有理由相信,中国绘画在未来的岁月中将继承和发扬中华民族千年传统文化,让更多的人领略到中国绘画的美丽和精神意义。

四、建筑设计

中国古代建筑的设计和装饰是集传统文化、哲学思想、艺术审美于一体的表现方式。在中国古代,建筑被视为一种艺术形式,通过建筑的形式和功能,表达出社会和文化的时代特点。

在古代建筑设计中,注重"意境与意蕴的融合"是其中的一个关键点。建筑师们常常使用各种象征符号来寓意吉祥和美好愿景,使得建筑不仅能够满足实用性上的需求,还具有极高的审美价值和文化内涵。例如,拱形门洞和亭台建筑上常用的飞檐和斗拱,就象征着中国古代对宇宙的认识。作为中国传统建筑中的重要构件,它们的流线形状和端庄典雅的造型，体现出中国传统美学追求的简约、优美、和谐的特征。

此外，在古代建筑中还存在丰富多彩的装饰物件，如铁门的兽脚、吉祥图案等也寓意了各种美好的寄托和向往。这些装饰物件都充满了中国传统文化中象征、寓意、神秘的特点，更是建筑文化中的独特体现。例如，在中国清代时期，宫廷建筑上广泛使用金饰、琉璃、玻璃等材料进行装饰。这些贵重材料通过雕刻、镶嵌、彩绘等方法，形成精美的花纹图案，让人们感受到浓郁的文化气息和审美韵味。

除此之外，在中国传统建筑设计中，自然元素也被广泛运用。例如，在古代园林设计中，"山水"是其中不可或缺的一个元素，其在家庭、皇家园林中都被广泛应用。通过巨大微妙地构造和布置，中国传统园林将天地之间的美景折射在一片小小的空间内，达到了"有山有水、有楼有台"的完美效果。这样的思想既表现了中国人视自然为宝贵资源的态度，又强调了人与自然之间的融合关系。

总之，中国古代建筑的设计和装饰是中国传统文化中重要的体现形式之一。它们不仅具有实用性和功能，还具备着极高的审美价值和文化内涵。通过各种富有象征意义的装饰元素和构件，古代建筑向人们传递出了中国传统美学中追求和谐、祥和与自然的思想，成为广大人民心目中的古代文化瑰宝。

第四节　意象美学在当代文化中的表现

意象美学是现代哲学中的一个重要概念，它主张人们的认识与感知是通过一系列的意象而产生的。意象美学的出现为文化理论以及视觉艺术实践提供了新的思路和理论基础，引发了人们对艺术意义及其价值的深入探讨。在当代文化中，意象美学在艺术、文学、电影、新闻传媒等领域中得到了广泛的应用与发展。

一、艺术领域的意象美学

艺术是人类创造的一种形式，旨在通过各种媒介表达内心的情感与思想。其中，象征意象的使用在艺术中扮演着至关重要的角色。艺术家通过意象来表达出自己内在的情感、想法、观点及精神状态，从而创造出具有深刻内涵和意义的艺术品。这就是意象美学所采用的思维模式。

意象美学在绘画、雕塑、装置艺术等各种艺术表现手段中都是非常关键的要素。无论是虚构还是真实的主题，通过意象来表达出来的内在情感和思想都会传递给观者。因此，对于艺术家来说，营造出深刻的意象是十分重要的。

艺术中的意象不仅要表达出物体的外在形态，更重要的是通过意象所传达出来的文化表征。这些通常是指人类的内在情感、追求、理念和精神状态等。由此，艺术家需要通过一系列的符号，如心理学符号、客观事物符号、意识形态和风格符号等来形成意象。不同的艺术家通过不同的符号组合来创造出他们所独有的意象。

例如，毕加索和达利是两个被广泛认为意象性最强的艺术家。他们的作品所蕴含的许多象征性符号都是具有极强的意境感染力的。举个例子，当我们欣赏达利的画作《记忆的永恒》时，我们注重的不仅是它的三维效果和色彩说服力，还会去寻找其中的隐喻、象征和符号含义。这些含义都是通过意象来表达出来的。艺术家通过表现出来的意象，诉说了自己对人类文化的审美追求以及对内在情感世界的感悟和表达。

当艺术家要把他们所想表达的内涵与意义转化成意象时，他们需要采用美学原则来评估作品的设计是否客观、美观、有动感和情感反应等等。这些美学原则在创作过程中，将引导艺术家通过不同的符号组合和变化，来组成各种形式的意象。它们可以是抽象的、可以是具象的、可以是繁复的、可以是简洁的，艺术家的意象可以是多样的，甚至可以是一些看起来毫无意义的形状和符号。

在现代艺术中，对于意象的使用已经变得越来越复杂了。一些现代艺术家甚至以让人不易理解的意象来展现自己的风格。这需要观众去寻找当中的象征和符号含义。例如，波洛克、弗兰兹-克林、德库宁等许多艺术家的作品都具有这种特点。他们通过描绘无人的荒凉场景及巨大的符号、抽象的形状或奇异的符号，表达自己对自然、世界、人类情感以及其他一些深刻的主题的情感和哲学思考。

二、文学领域的意象美学

意象美学在文学领域中扮演着重要的角色。它是一种心理学概念，指代着作家所使用的具体形象来将抽象概念转化为可见、可感知的形式。通过正确的意象，作者可以创造出生动的图像，并将它们转换为比喻和隐喻，进而传达出自己的理念及展现出作品的内在美。

在现代文学中，每位作家的意象都有其独有的特点。例如，欧内斯特·海明威就运用了大量的动物象征和自然元素，展示出他内心深沉的思想与情感。在他的作品中，海明威运用原始的象征形式来表达他对于世界和人性的探索，这使得他的小说充满了浓郁的哲学气息和人文关怀。同时，作家也通过正确的意象，创造出了各种真实、生动的场景，如台风暴雨后的荒凉、广袤大地上的孤独等，从而触发读者视觉、听觉、嗅觉等多个感官的共鸣，增强了阅读体验和作品的内在美感。

在文学作品中，意象的作用比在艺术领域更加明显。作家可以通过正确的意象把故事转化为真正的生命，让读者感受到作品中所蕴含的深刻思想和情感。例如，法国作家马克·吐温的小说《汤姆·索亚历险记》便使用了大量形象鲜明、富有幽默感的意象，表现出了他对于童年时代和成长过程的理解。这样，读者在阅读作品的过程中，对于人性、社会以及人与自然之间的关系等议题也就自然而然地产生了思考与探索。

总之，意象美学是文学领域中重要的审美范畴之一。通过正确的意象，作家可以在读者心中创造出生动、独特的形象，增强读者对全书的感知和感动，同时也能够揭示出作品内在的思想和情感。因此，在文学创作中，运用具有思想深度和美感价值的意象，将为作品带来更多的独特之处。

三、电影领域的意象美学

电影作为当代最为流行的一种艺术形式，已成为我们生活中不可或缺的一部分。在电影领域，意象美学的应用非常广泛。影片通过细节和画面创造意象来表现现代社会变迁、人性等内在思想，在某种程度上，它已成为影响现代文化和艺术走向的重要方式。

总之，电影作为影响现代文化和文艺状况的一种重要方式，它的意象美学表现形式也非常丰富。特别是对于充满文化内涵的电影来说，它的艺术创作就需要更多地考虑象征性的意象，以表达出其特有的思想和情感。

四、新传媒领域的意象美学

随着新科技的快速发展和数字媒体行业逐渐成为文化艺术和影响力越来越大的领域，意象美学也在这个领域得到了广泛的应用。在网络、微博、微信等传媒领域，我们不断地推送照片、视频等素材，每一张照片、每一段视频都是一个意象，代表了我们对现实的感受、看法和感触，表达了我们内心深处的情感和对于美的追求。

首先，网络社交中的意象可以直接呈现生活中的具体事物，如自然风景、城市街景、人物肖像、食物、宠物等。这些意象通过美妙的构图和灵动的色彩，展现了物质和精神世界间的相互联系，传达了人们对大自然和人文价值的崇尚和关注。这样的意象不仅能够吸引人们的眼球，而且可以通过作品的组成、成分、情境和相互之间的关系，传达出作者对于生活的思索和情感表达。这样，通过意象的美学，作品成了沟通人与人之间的桥梁，创造了一种深层次的表达和理解方式。

其次，意象美学在数字媒体领域中也开始体现出一种越来越前卫的审美取向。在现代科技的支持下，人们在数字世界中创造了很多具有无限想象的空间，形成了一些极具特色的意象。例如，在电影、游戏等领域，3D视觉特效的应用已十分普遍。这些特效可以将虚拟世界与现实生活相互转换、相互成就，形成了新代言的文化，也为艺术家和人们提供了极好的素材。通过数字媒体中的意象美学，可以创造出更加丰富的视觉和情感体验，呈现给观众全新的艺术感受和思考视角。

另外，数字媒体领域中的意象美学还可以通过视觉与声音等多种形式进行展现。例如，在早期的手机广告中，常常利用一些简洁的镜头配以流畅的音乐，凭借极具感染力的展示，既传达了产品的价值，也赢得了人们的共鸣和喜爱。此外，在短视频领域中，快节奏的画面、精准的节奏感以及耳目一新的色彩处理都凸显了意象美学的重要性。而这些关键点的处理，正是对于内容本身的深刻理解，以及对突出影片内容的把握和运用。形成的艺术特征，将对电影、网络、手机等传媒领域的意象美学的发展起到创造性和推动性的重要作用。

总之，数字化媒体的快速发展，为意象美学在传媒领域的应用带来了新的机遇，拓展了创作领域的空间，同时也促进了文化和艺术的交流。在新传媒领域，意象美学的呈现不仅可以直接吸引人们的关注，还能传达作者对于生活的思考、时代的认知以及人类精神世界的探索。这是意象美学在数字媒体领域的重要价值，也是我们在数字时代必须思考的问题。

第三章 CHAPTER 3

虚拟美学概述

第一节 虚拟美学的定义和范畴

虚拟美学是一门研究虚拟现实技术在美学方面的应用和影响的学科。它是近年来发展起来的新兴学科，随着虚拟现实技术的不断改进和普及，虚拟美学得到了越来越广泛的关注和重视。

虚拟现实技术是指通过计算机生成的仿真环境，可以模拟现实世界或者创造一些超越现实的场景。这种技术在游戏、电影、建筑、艺术等领域得到了广泛的应用。

虚拟美学作为一个学科领域，主要关注以下几个方面。

一、艺术创作与表现

虚拟现实技术已经成为当今艺术创作和表现的关键推动力，它不仅为艺术家提供了新的可能性和方法，也让观众能够借助现代科技更好地感受到作品中所传递的信息和价值。在这样一个时代，艺术从传统的形式中突破出来，利用虚拟现实技术创造出更加丰富和多样的视觉和听觉体验，融合了计算机技术、音视频技术和艺术美学。以下将从虚拟画廊、虚拟雕塑和虚拟演出三个方面来探讨虚拟现实技术在艺术中的应用。

（一）虚拟画廊

虚拟画廊是一种新型的艺术展示方式，它使用虚拟现实技术，创造一个数字化的艺术空间，使观众能够通过计算机、手机等数码设备，随时随地进入其中，并与作品进行交互。相对于传统的画廊，它有许多显著优势。

首先，虚拟画廊可以让艺术家创造出更加生动、逼真的作品，并增加交互性。在传统的画廊中，观众通常只能通过观看和鉴赏来体验作品，而在虚拟画廊中，观众可以通过自由移动、旋转和缩放等操作方式来感受作品的内部和外部结构，让观众真正进入到作品中，加深对作品的理解和感性认识，进而对艺术有更加深入的认识。

其次，虚拟画廊的动态性也非常出色。它能够以全新的方式来呈现传统艺术形式，如摄影、绘画和雕塑等，通过使用虚拟现实技术，艺术家可以将观众带入虚拟展览室的不同房间里，甚至加入到展览主题的故事中，创建更具吸引力和趣味性的展览。

通过虚拟展览，艺术家们能够借助高科技的手段，呈现出让人惊艳的视觉效果，将静态的艺术作品变成一个动态的数字媒体展示，充分表达艺术作品的感染力和情感性，更好地体现作品的美感和个性。

再次，虚拟画廊还有利于艺术作品的互动性。观众可以通过软件来控制展示的环节，如可以通过手势或语音来操纵作品，来增加互动性和掌控感，让观众不再是被动的旁观者，而是参与到艺术体验中来。这样，艺术家和观众之间可以形成一个互动循环，形成一种新的文化形式，该形式不仅有利于推广艺术家的作品，而且可以将现代科技与艺术完美地融合在一起，不断推进艺术演进的历程。

最后，虚拟画廊不受地域和时间的限制。传统的艺术展览通常需要定点展示，或需要在特定时间内进行，而虚拟画廊不用受任何时空限制，不管是地理上的、时间上的，还是观众特定的要求，它们都可以很好地被满足。这意味着虚拟画廊可以让更多的艺术作品得到更广泛的展示，让观众可以随时随地欣赏艺术家的作品。

（二）虚拟雕塑

虚拟雕塑是一种将传统雕塑与现代数字技术结合起来的新型艺术形式。它使用虚拟现实技术创造出无限的空间和创意，让艺术家们展示出他们的创造力和个性，创作出更加生动、绚丽和真实的作品。虚拟雕塑不仅是传统雕塑的数字升级，而且是数字制造和数字创作相结合的全新领域。

首先，虚拟雕塑克服了传统雕塑技艺中的许多限制。在传统雕塑中，艺术家们需要考虑各种材料、纹理和重量的影响，才能完成一件作品。而在虚拟雕塑中，艺术家们可以利用高科技辅助工具来创建自己想象出的艺术形态，可以在无限的虚拟空间中尽情创作，且不受材料成本和容易损坏等因素的影响，有更大的创作空间。艺术家在创作时也不受其他因素的限制，可以准确、精细地表达自己创意的构思，让作品更具独特性和艺术性。

其次，虚拟雕塑的展现方式也具有更高的娱乐性和互动性。在传统的雕塑展览中，观众只能站在远处观看作品，很难仔细观察和感受作品的细节和内涵。在虚拟雕塑中，观众可以通过虚拟现实的交互功能，自由地在立体、多重的空间中观看作品，并可以自由切换不同的视角和利用透视来欣赏作品的不同面貌。此外，艺术家还可以将互动设计纳入作品之中，让观众通过简单的手势或说话的方式来与作品进行交互，实现作品的互动体验，为观众带来前所未有的视觉感受和乐趣，提升作品的艺术价值和观赏价值。

最后，虚拟雕塑不受地域和时间的限制（见图 3-1）。在传统的雕塑展览中，观众会受到空间和时间的限制，不能随意欣赏作品，而在虚拟雕塑中，可以不受任何限制地随时随地接触到作品。这不仅能够扩大作品的受众范围，还可以让远在异国的观众随时在家中欣赏作品，从而更好地了解艺术家、艺术形式和文化背景。

图 3-1 虚拟雕塑作品

（三）虚拟演出

虚拟演出是一种新型的艺术形式，与传统的现场演出不同，虚拟演出借助现代技术使得观众在虚拟世界中得以欣赏。虚拟现实技术的发展和普及，为虚拟演出的实现提供了强有力的支持。通过虚拟现实技术，演出不再受制于场地、时间、人力等限制，艺术家和观众可以在任何时间、任何地点欣赏、参与演出，从而推进了文化艺术的传承和交流。虚拟演出不仅为观众带来了前所未有的艺术体验，也为演出者提供了更多的创作和表演的机会。

首先，虚拟演出可以突破空间的限制，以更加灵活的形式实现文化交流。传统的演出往往需要在固定的场地、特定的时间进行，表演者和观众也要有相应的出行规划，才能观看和参与。而虚拟演出，无论在时间和空间上都不受限制，观众可以通过虚拟现实技术，不出门就能欣赏到想看的演出。演出者也能够突破传统限制，将表演进行于不同场景下，将优秀的艺术作品推向全球观众，增强了文化艺术的传播性和代表性。

其次，虚拟演出可以降低演出的成本和时间成本。传统演出需要付出场地租赁、演出设备搭建、演员酬劳等费用，演出的时间成本也很高。而虚拟演出采用数字技术，减少了场地和设备的需求，只需演员在虚拟世界中表演，并且可以进行多场演出，不受时间和场地限制，从而降低了演出的成本和时间成本，使表演者投入到更多的创作和演出工作中。

最后，虚拟演出可以提供更加多样化的娱乐体验。虚拟演出可以在不同的场景中进行，包括体育比赛、音乐表演、舞蹈演出、游戏娱乐等，这些演出在传统的场地和时间上往往受到限制，或是难以满足观众的访问需求。而虚拟演出不受时空限制，可以为观众演绎不同的主题和故事，让他们体验前所未有的娱乐和文化活动，这为现代人提供了更多的选择和机会。

综上，虚拟现实技术为艺术家提供了全新的创作和表现形式，如虚拟画廊、虚拟雕塑和虚拟演出等，为艺术创造了更多的可能性。虚拟现实技术不仅可以让艺术家创作出逼真、立体的作品，同时为观众带来了更加丰富、多样的视觉和听觉体验，提升了观赏艺术的质量和趣味性。虚拟现实技术在艺术领域的应用也将更加广泛。

二、游戏设计与体验

游戏作为一种数字娱乐，已经成为现代人生活中不可或缺的一部分。在游戏制作过程中，游戏设计和游戏体验的重要性不言而喻。利用虚拟现实技术可以提高游戏的逼真度、玩家的沉浸感和游戏的乐趣。本部分内容中，我们将探讨虚拟现实技术在游戏制作中的重要作用，以及如何在设计游戏体验时充分利用虚拟现实技术。

（一）虚拟现实技术在游戏制作中的应用

1. 游戏场景的设计

游戏场景的设计是影响玩家游戏体验的关键因素之一，而虚拟现实技术则可以为游戏提供更加逼真、精细的场景，让玩家更加身临其境地感受到游戏的乐趣。本部分将从设计思路、技术手段及实现效果三个方面，探讨虚拟现实技术在游戏场景设计中的应用。

(1) 设计思路。

游戏场景的设计需要考虑多方面的因素，如游戏类型、故事情节、环境氛围等。对于不同的游戏类型也有着不同的要求。例如，在角色扮演类游戏中，场景需要具备一定的历史和文化背景，同时还需要塑造一个具有时代特征和生命力的世界观；而在竞技类游戏中，场景需要注重细节，让玩家获得更高的参与感。

除此之外，游戏场景的设计也需要根据故事情节进行规划。故事情节需要结合场景设计来创造出一种完整的、连贯的游戏世界观。独具特色的场景能够给游戏添加更好的视觉效果以及更加深入的游戏体验，使玩家能够在更逼真的游戏场景中感受到游戏的趣味。

(2) 技术手段。

虚拟现实技术是游戏场景设计中的核心技术手段。通过计算机建模技术和图形学渲染技术，游戏制作人员可以实现高度逼真的场景效果。3D建模技术可以将游戏场景中的各个元素进行细节的精细构造，包括建筑物、街道、树木、山脉、水面等。3D建模技术也可以帮助设计师更好地把握场景的规模和比例，从而保证整个游戏场景的合理性。

CAD软件、Maya、Max等建模软件在游戏场景设计中得到了广泛应用。它们提供了许多方便实用的工具，如集成的材质库，能够根据实际情况来添加不同的纹理与材质；同时还有强大的灯光系统，能够为游戏场景的视觉效果和氛围营造提供良好的条件。这些功能的使用可以帮助游戏制作人员更好地呈现游戏场景，实现更加逼真的效果。

除了3D建模技术之外，虚拟现实技术还可以提供更多的视觉特效，如天气变化、光影效果、光照效果等。举例而言，在一个暴雨的场景中，游戏设计师可以添加闪电、雷声等音效，营造出一种紧张感，让玩家更好地投入其中。

(3) 实现效果。

虚拟现实技术的应用能够带来更加真实、刺激和身临其境的游戏体验。通过虚拟现实技术创建出来的游戏场景，不仅能够准确地呈现出虚构世界的真实面貌,还能够营造出一种类似真实世界的氛围,给玩家带来更加深刻的游戏体验。

例如,在角色扮演类游戏中,通过虚拟现实技术创建出来的场景,能够让玩家完全融入到游戏世界中。例如,在《无尽的格朗拉日》游戏中,虚拟现实技术成功地创造了一个异星科幻世界。通过虚拟现实技术创建出来的场景,使得玩家可以沉浸式地体验这个未知世界的奇妙之处,感受到一种前所未有的亲身参与感。

在游戏中,虚拟现实技术成功地创建出了逼真、细致的地貌、建筑、星球环境等多个元素。例如,在游戏的起点星球上,玩家可以看到生机勃勃的森林、呈现不同色彩和形态的花草树木以及清澈的小河等自然景观。同时,游戏制作人员还将星球上的天气变化、光影效果、光照效果等细节考虑在内,增加了游戏场景的真实度和立体感。

此外,游戏场景的设计也紧密结合了游戏剧情。在游戏进行过程中,玩家会被引导进入不同的场景,每个场景都呈现出游戏主题和故事情节的不同方面。通过场景的细节塑造,玩家能够更好地理解游戏的故事背景和人物关系。

此外,在竞技类游戏中,虚拟现实技术也可以提供更加真实的比赛场景,这样玩家能够更好地感受到游戏的紧张感和娱乐性。

2. 游戏角色的设计和动作捕捉

游戏角色的设计和动作捕捉是开发一款好游戏的重要方面之一。虚拟现实技术的出现,为游戏角色的制作和动作捕捉提供了更加先进和高效的方式。本部分将从角色设计、动作捕捉和实现效果三个方面,探讨虚拟现实技术在游戏角色制作中的应用。

(1)角色设计。

游戏角色的设计需要考虑其所处的游戏类型、角色性格等多种因素。对于不同类型的游戏,角色的外形、性别、年龄、肤色等都需要进行细致的设计。通过虚拟现实技术可以实现更加精细的人物设计,游戏制作人员可以利用计算机建模技术打造一个极具特色的角色形象,从而吸引玩家的注意力。同时,虚拟现实技术还可以为角色设计师提供更加丰富的工具,如虚拟头盔和手柄等设备,使得角色设计更加自由化和灵活化。

（2）动作捕捉。

动作捕捉是游戏角色制作中最关键的环节之一。通过虚拟现实技术的支持，可以更加准确地刻画角色的动作，增强角色的真实感和立体感。动作捕捉的技术手段主要包括三种：传统的摄像机捕捉、惯性捕捉以及基于视觉分析的捕捉。其中，基于视觉分析的捕捉技术是最为高级的一种，它利用深度学习算法和神经网络技术，能够从单张图像中捕捉出角色的关键帧，并将其转化为具有生动感的运动。

同时，在角色动作捕捉方面，虚拟现实技术还提供了更加快速、精准的方法，如即时3D建模技术和虚拟演员技术，可以让制作群直接对着电脑屏幕上的人物，通过头盔和手柄进行实时的动作捕捉和调整。这些技术可以使得游戏角色的动作更加自然、流畅，增强玩家的参与感和沉浸感。

（3）实现效果。

通过虚拟现实技术的应用，游戏角色制作可以达到更加高度逼真、精细的效果。例如，在《巫师3：狂猎》中，游戏中的人物形象非常精细，从服装到外形都刻画得非常生动，同时，角色的动作和神态也非常自然，能够让玩家有真实的身临其境之感。

此外，在一些竞技类游戏中，虚拟现实技术也可以通过更加流畅、自然的动作设计，使得游戏的节奏感更加强烈、紧凑，提高了游戏的娱乐性。

3. 游戏互动的增强

游戏互动的增强是虚拟现实技术在游戏领域最为突出的优势之一。通过虚拟现实技术，玩家可以更加深入地体验游戏世界，并和游戏中的角色进行真实而生动的互动，增加游戏体验感。

（1）场景虚拟化。

虚拟现实技术可以将游戏场景完全虚拟化，使得游戏场景中的各种元素都具有高度的真实感和逼真度。玩家可以直接走进游戏场景，在其中探索、交互，感受场景带来的身临其境的体验。通过头盔和手柄等设备，玩家可以轻松操控自己的游戏角色，与场景中的各种元素进行互动，如开门、爬坡、攀岩、跳跃等。因此，场景虚拟化使得玩家对游戏场景的互动变得更加自由、方便、真实、自然,从而提高了游戏体验的质量和深度。

(2)角色互动。

虚拟现实技术可以更好地实现游戏中角色的互动。玩家可以通过手柄等设备来与游戏中的角色进行互动,如握手、交流、拥抱、击杀等。这样的互动让游戏角色变得更加生动和逼真,增加了玩家对游戏世界的投入感。同时,虚拟现实技术还可以提供人工智能(AI)机器人角色,让玩家可以更好地模拟与人工智能角色的互动过程,根据不同的选项作出不同的选择,从而提高了游戏可玩性。

(3)沉浸体验。

虚拟现实技术的应用赋予了玩家更加真实、自然、舒适的游戏体验。在头盔等设备的支持下,玩家可以感受到场景的魔力、氛围的变化以及角色情感的激发。相比传统的 PC 游戏和主机游戏,虚拟现实技术让玩家感到自己置身于游戏世界之中,从而带来更加直观、亲近的游戏体验。此外,虚拟现实游戏的设计中还经常穿插一些惊险刺激的情节,让玩家在体验游戏乐趣的同时,也能感受到紧张刺激的快感。

(二)虚拟现实技术在游戏体验中的应用

1. 改善沉浸感

通过虚拟现实技术,游戏场景可以呈现出非常真实的效果,从而给玩家带来更加直观的视觉体验。当场景设计得越来越逼真时,玩家也会越来越容易沉浸在游戏中。因此,在游戏制作过程中,制作团队需要花费大量时间和精力来打造一个精美绝伦的游戏场景。

游戏角色对于游戏沉浸感同样非常重要。角色的外形、特点以及动作都应该具有极高的逼真度,从而让玩家更容易产生共鸣。同时,角色还应该与游戏内的背景、道具等其他元素产生联系,让玩家获得更多关于游戏的信息,使得其更容易融入到游戏中。

音乐和声效也是游戏很重要的一部分,能够起到营造氛围、增强游戏感受的作用。通过虚拟现实技术的支持,游戏音效和声音可以更加真实地呈现给玩家,从而提高了游戏的沉浸感。

通过虚拟现实的头盔、手柄等设备,玩家可以更加自然且舒适地操控游戏角色，这可以让玩家更容易沉浸在游戏中，提高游戏的可玩性和趣味性。因此，游戏开发人员应该注重考虑用户的使用感受，并不断改善操作体验。

2. 玩家的掌控感更强

虚拟现实技术可以更好地实现游戏中角色的互动，这是游戏体验的重要组成部分。通过手柄等设备，玩家可以与游戏中的角色进行互动，从而增强游戏角色的生动性和逼真度。在现实世界中，人们往往需要面对各种不同的人际关系，而在游戏中，虚拟现实技术让玩家可以更加自由地选择想要进行互动的角色，获得与之互动的快乐。

首先，虚拟现实技术可以让玩家与游戏角色进行身体、语言方面的互动，如握手、交流、拥抱、击杀等。这些互动能够增强玩家对游戏世界的投入感，使得玩家可以更深层次地融入到游戏角色中。特别是在一些角色扮演游戏中，虚拟现实技术让玩家可以更好地模拟和体验现实中的人际关系，从而更好地体验游戏带来的情感体验。

其次，在虚拟现实技术的支持下，游戏开发人员也可以通过引入人工智能（AI）角色来进行游戏角色互动的模拟。这些 AI 角色可以通过机器学习技术不断地分析和学习玩家的行为和选择，从而更好地模拟出真实世界中的人际关系。这些 AI 角色可以扮演各种虚拟角色，如朋友、敌人、伙伴等，与玩家进行真实而有意义的交互。此外，在一些虚拟现实技术比较成熟的游戏中，这些 AI 角色还可以具备情感等特质，让玩家在与它们的互动过程中体验到更加真实的人际关系。

最后，虚拟现实技术的发展也促进了虚拟社交的发展。通过虚拟现实技术，玩家可以与其他玩家进行在线游戏的互动，分享游戏心得和经验，建立起虚拟世界中的社交网络。这种方式让玩家更容易与其他玩家建立联系，并且可以在游戏中结交新的朋友，增强玩家之间的社交活跃度和凝聚力。一些虚拟现实平台，如 Oculus VR、HTC VIVE 等头戴式显示设备支持多人在线游戏，让玩家能够以更加自然的方式与其他玩家交流和互动。

3. 提高沟通效率

随着虚拟现实技术的发展，游戏主机和头戴设备已经可以提供更加自然、优雅的沟通方式，从而帮助玩家增强社交体验。在虚拟世界中，玩家之间可以通过游戏主机和头戴设备进行实时的语音聊天,或者使用短信、邮件等方式进行文字互动,这样的沟通方式让玩家之间的互动和交流变得更加轻松自如。

首先,游戏主机和头戴设备能够提供实时语音聊天功能,这是一种非常便捷的沟通方式,特别是在多人在线游戏中。玩家之间可以简单地接通语音功能,建立起实时通话渠道,进行即时的语音交流,从而能够充分地表达意见和想法。同时,虚拟现实技术还支持降噪和语音识别等技术,能够有效减少环境噪声干扰和语音失真问题,提高了语音聊天的质量。

其次,在虚拟现实技术的支持下,玩家之间也可以使用短信、邮件等形式进行文字互动。在虚拟现实游戏中,玩家可以使用虚拟键盘等设备进行文字输入,向其他玩家发送短信或邮件,这是一种比较便捷的文字沟通方式。通过文字互动,玩家可以更好地表达自己的想法和意见,从而增强游戏社区的互动性和提高活跃度。

最后,虚拟现实技术还能够提供更加高级的社交功能,如虚拟聚会、虚拟派对等。通过这些功能,玩家可以在游戏中建立起真正的社交关系,结交新的朋友,并与其他玩家一起参加各类虚拟活动。这些虚拟活动不仅增加了玩家之间的互动和交流,还能够增强整个游戏社区的凝聚力。更重要的是,这些虚拟社交功能让人们能够在游戏中感受到真正的社交体验,取代了传统社交模式中的某些缺陷,如地域限制等。

三、建筑设计与可视化

随着科技的不断进步,虚拟现实技术已经被广泛应用于建筑设计和可视化中。虚拟现实技术可以提供一种交互式、实时的体验,使建筑师和用户能够更好地了解和展示他们的构思。本部分将探讨虚拟现实技术在建筑设计和可视化中的应用,并介绍一些成功的案例。

(一)建筑设计中的虚拟现实技术应用

在建筑设计中,虚拟现实技术可以帮助建筑师更好地呈现其设计想法。建筑师可以通过虚拟现实技术创造出真实的三维模型,并在虚拟现实环境中进行交互式的展示和修改。这种技术可以大大改善设计师和用户之间的沟通，因为用户可以更加直观地了解建筑的构造和设计，而不仅仅是依靠设计图纸（见图3-2）。

图 3-2　利用虚拟技术设计新房装修

资料来源：笔者 AI 设计绘制。

一些成功的案例表明，虚拟现实技术在建筑设计中发挥着巨大的作用。例如，通过虚拟现实技术，一些建筑师已经开始利用智能眼镜（如Oculus Rift）在虚拟现实世界中展示设计方案，并与团队成员进行实时的交互和修改。这种技术可以帮助设计师更好地了解和看到自己的构思，并且可以巧妙地融合真实的建筑结构来虚拟现实世界。在最终的设计成果中，这些虚拟现实制作可以帮助建筑师更好地呈现设计方案，同时也可以帮助客户更好地了解和体验建筑师的构思。

(二) 可视化中的虚拟现实技术应用

虚拟现实技术也可以在建筑可视化领域发挥作用。建筑可视化通常是指利用材料、技术和艺术手法将建筑设计呈现给最终用户。虚拟现实技术可以帮助建筑师创建更为逼真、实时和交互式的可视化体验，并且可以使用户更好地了解和体验建筑的特点。

例如，在一些展览中，建筑师可以利用虚拟现实技术来创造出一个完全的虚拟世界，让参观者的感官进入另一个层次。通过这种技术，参观者可以在虚拟现实环境中切身体验建筑设计的特点，如建筑结构、材料和灯光效果等。此外，在室内设计和装修方面，虚拟现实技术也可以帮助客户更好地提前了解自己的家居环境，并且帮助设计师更好地展示设计方案（见图3-3）。

图3-3 虚拟制作的建筑群

资料来源：笔者AI设计绘制。

四、教育与培训

伴随着虚拟现实技术的不断发展，教育领域也在探索如何使用虚拟现实技术来改变学习方式。虚拟现实技术为学生提供了一种身临其境、交互式的学习方式，使学习更加直观和有趣。本部分将探讨虚拟现实技术在教育和培训领域中的应用，并介绍一些成功的案例。

（一）虚拟现实技术在教育中的应用

虚拟现实技术可以帮助学生更加直观地了解课程内容，并获得更加深入的学习体验。例如，在学习历史的过程中，通过虚拟现实技术，学生可以身临其境地体验古代的文化和历史事件，例如，参观巨石阵、走进"兵马俑"等。这种方式不仅能够增加学生对历史的理解和兴趣，还能够提高他们的注意力和记忆力。

类似地，虚拟现实技术还可以帮助学生更加直观地了解地理和环境科学。学生可以使用虚拟现实技术探索不同的环境，如热带雨林、珊瑚礁和北极圈等，进而了解地球的物理和自然环境。这种学习方式使学生更加熟悉环境和地理知识，并提高他们的综合能力和探索欲。

另外，虚拟现实技术也可以帮助学生更加直观地了解科学知识。例如，在学习物理知识时，学生可以使用虚拟现实技术来模拟不同的物理实验，并通过观察和处理数据来理解物理原理。这种学习方式使学生更容易理解抽象的物理规律，并培养他们的发现和解决问题的能力。

（二）虚拟现实技术在培训中的应用

除在教育领域中使用外，虚拟现实技术在培训中也有着广泛应用。例如，在军事领域，虚拟现实技术可以帮助士兵更好地了解不同的作战环境和敌人，并且模拟不同的战斗场景来训练士兵的反应和协作能力。同样地，虚拟现实技术还可以在医学领域中使用，用于学习外科手术和其他的医疗技术。通过虚拟现实技术，医生和护士可以实时体验和模拟各种手术环境，以提高他们的技能和反应能力。

在企业培训中，虚拟现实技术也被广泛应用于员工技能培训和安全培训。例如，在需要操作大型机器的工作中，虚拟现实技术可以模拟不同的操作环境和情景来训练员工的技能和应对技能。

综上所述，虚拟美学是一门涵盖广泛领域的新兴学科。它研究虚拟现实技术在艺术创作与表现、游戏设计与体验、建筑设计与可视化、教育与培训等方面的应用和影响。随着虚拟现实技术的不断改进和创新，虚拟美学将会成为一个越来越重要的学科领域，为人们带来更多全新的体验和感受。虚拟美学的发展离不开计算机技术、三维建模技术、图形学、心理学等学科的支持和推动。未来，虚拟现实技术将会越来越普及，虚拟美学也将会成为一个更加热门的研究方向，为整个文化艺术领域的创作和表现提供更加多元化和广阔的空间。

第二节 虚拟美学与现实美学的关系

随着科技的不断发展，虚拟现实和增强现实等技术正在逐渐渗透到我们的生活中。在设计领域中，这些技术的应用对美学产生了深远的影响。虚拟美学和现实美学是两种不同的美学范畴，二者之间的关系十分复杂。本书将探讨虚拟美学和现实美学之间的关系，并分析虚拟美学在设计领域的未来发展趋势。

一、现实美学与虚拟美学的差异

现实美学与虚拟美学之间存在着显著的差异，这些差异源于审美主体所处的不同环境和感知方式，并且随着虚拟现实技术的不断发展和应用，虚拟美学也逐渐成为设计领域的重要组成部分。

在现实世界中，我们的审美体验主要来源于感官的直接接收，这些感官可以分为五种：视觉、听觉、嗅觉、味觉和触觉。当我们对一件事物进行美学评价时，我们会从其材料、形状、颜色、纹理、空间和结构等基本元素入手，从而形成我们的审美观点和体验。在现实美学中，审美主体与客观事物存在一定的距离和限制，因此我们的感知和理解往往受制于更多的客观条件和环境因素。

与此不同，虚拟美学是指存在于虚拟世界中的审美体验。虚拟美学与现实美学之间的差异主要源于虚拟世界是存在于现实世界中不存在的元素和体验形式。例如，在虚拟世界中，设计师可以变化物体的形状、颜色和纹理等，而这在现实世界中是无法实现的。同时，虚拟现实技术还可以通过虚拟体验模拟现实环境中不存在的场景，如预测建筑物在不同季节、时间和环境中的外观和质感变化等。虚拟现实技术还可以帮助设计师更直观地感知和体验物体，这也是现实世界无法提供的。

另外，虚拟现实技术提供的体验形式和技术限制也为虚拟美学带来了新的挑战和限制。与现实美学不同，虚拟现实技术需要在分辨率、视角、体积和画面质量等方面加以考虑，这也要求设计师具备一定的技术能力和专业知识。同时，虚拟现实技术所提供的视觉、声音和触觉等感官体验也和传统的感受方式存在差异，因此设计师需要对这些感受方式进行深入地了解和研究。

除此之外，虚拟美学与现实美学之间还存在着其他一些差异。例如，虚拟美学通常更加自由、创新和个性化，因为虚拟现实技术可以提供更加灵活和多样的材料及工具。虚拟现实技术还可以根据不同人群的需求和喜好，提供个性化的设计风格和创意概念，从而让每一个用户都能够享受到独特的虚拟美学体验。

总的来说，现实美学和虚拟美学都是设计领域非常重要的概念和体系，它们通过不同的审美主体和环境，呈现出不同的审美形态和特征。随着虚拟现实技术的不断发展和应用，虚拟美学也将不断挖掘出更多的潜力和可能性，为设计领域带来更加丰富和多样的创意和体验。

二、虚拟美学在设计领域的应用

虚拟美学是指存在于虚拟世界的审美体验，随着虚拟现实技术的不断发展，虚拟美学已经成为设计领域的一个热门话题。虚拟现实技术可以帮助设计师更加准确地了解设计成果的外观和使用感受，也可以提高设计师的创造性和优化设计思路，因此虚拟美学在设计领域中的应用越来越广泛。

首先，在建筑设计领域中，虚拟美学可以帮助设计师更好地预测设计成果在不同场景下的效果。设计师可以利用虚拟现实技术进行建筑模型的预览，分析不同季节、时间和环境中建筑物的外观和视觉效果，进一步优化建筑设计方案，提升建筑空间的美学价值和实用性。

其次，在景观设计领域中，虚拟美学可以帮助设计师更加精准地把握景观设计的细节和特点。利用虚拟现实技术，在虚拟空间中进行景观设计的预览，有助于设计师更好地理解设计成果的三维效果，进而优化和调整设计方案，提高景观设计的美学品质和实用性。

最后，在工业设计领域中，虚拟美学可以帮助设计师更加直观地感知和体验产品。利用虚拟现实技术，设计师可以快速地、低成本地进行产品模型的制作和测试，设计针对不同人群和不同环境的产品，从而更好地满足用户的期望和需求（见图3－4）。

图3－4　虚拟设计的工业设计作品

资料来源：笔者 AI 设计绘制。

除此之外，虚拟美学在教育领域的应用也具有广泛的前景。学生可以在虚拟世界中体验不同的设计方式和风格，这有助于学生了解及预览设计的成果。这种虚拟教育方式使教育更加生动且有趣，提高了学习者的学习效果。

综合来看，虚拟美学在设计领域中的应用非常广泛，可以帮助设计师更加准确地了解设计成果的外观和使用感受，提高设计师的创造性和设计思路。未来随着虚拟现实技术的不断发展，虚拟美学在设计领域的应用前景将会更加广阔，通过虚拟技术，我们也将获得更多的美学体验和深度认知。

三、虚拟美学的未来发展趋势

虚拟美学已经成为未来设计领域的一个发展方向。虚拟美学是通过虚拟现实等技术，为人类提供一种全新的审美体验，可以让用户更全面、更深入、更完整地了解设计的方方面面，为设计师提供了更多的可能性和更新思路。未来的虚拟美学技术将会通过更加先进的技术，实现更优质的体验，并且能够提供更加多样化和更多种类的审美感受体验。同时，虚拟美学技术还将会涉及多个领域，如建筑设计、景观设计、工业设计、艺术设计、教育等，为各行各业带来更为广泛的应用和更多的改变。

（一）技术进步将带来更完善的体验

随着科技的不断进步，虚拟美学技术已经成为未来设计领域的一个重要发展趋势。随着技术的不断进步，未来的虚拟美学体验将会变得更加完善，让用户能够真正感受到虚拟与现实之间的无缝对接。

未来的虚拟美学技术将会模拟更真实的光线与纹理，让用户更身临其境地感受设计和空间。通过更加先进的技术手段，虚拟现实技术将能够以更高的分辨率、更快的速度和更真实的呈现效果，真正地再现现实世界中的设计和空间。

同时，随着人工智能的发展，智能化技术将带来更加个性化和定制化的体验。与此同时，将会推出更加人性化的智能交互系统，能自动感知用户的品位和喜好，并累积体验记录，以提供更人性化和更优质的虚拟体验。

与此同时，虚拟美学技术还将拥有更加智能的定位和跟踪系统，能够感应用户的运动轨迹、视角和肢体动作，以展现更加真实的交互和场景，增强用户对虚拟体验的真实感。

（二）虚拟美学将带来更加多样的审美感受

随着科技的不断进步，虚拟美学技术正逐渐成为人们热议的话题。其将会让用户通过不同的技术手段，感受不同的审美体验，为用户带来更加多元和个性化的体验。

在未来的虚拟设计中，音乐、色彩、声音和交互等多种元素的融合将让虚拟美学更具多样性。对于音乐爱好者来说，虚拟美学技术可以将音乐融入到虚拟体验中，营造出一种独特的音乐体验；对于色彩感知强的人来说，虚拟美学技术可以通过调整、搭配各种色彩，让用户感受到以往所未曾有过的视觉盛宴。同时，通过透视和形态的运用，虚拟空间可以制造出许多不同的场景，从而为用户带来更加多元化的感受，满足每个人的不同审美需求。

另外，虚拟美学将不再局限于虚拟空间内部。未来虚拟美学技术可能会结合"增强现实技术"和"混合现实技术"，将虚拟美学和现实场景进行有机融合，实现虚拟与现实之间的完美结合。如可以通过 AR 技术，将虚拟物体和现实场景进行有机结合，让人们能在现实环境中，感受到虚拟元素和现实元素的完美融合，推动视觉艺术和应用技术的结合，以创造出更加多样化和个性化的体验。

（三）虚拟美学将涉及更多的领域

虚拟技术的不断演进将为虚拟美学应用带来更广泛的场景。未来，虚拟美学将不仅局限于设计领域，还有更多的应用场景，如建筑、文化、教育、艺术等领域。

在建筑领域，虚拟美学将为建筑设计提供更多的可能性。通过虚拟技术的运用，建筑设计师可以更加直观地感受到不同的建筑形态、色彩和空间的美感，帮助他们更好地设计出符合人们审美需求的建筑。此外，对于城市规划和景观设计，虚拟美学技术还可以为设计师提供更多的场景和素材，让城市和景区更加美观。

文化领域也是虚拟美学的应用场景之一。通过虚拟技术，用户可以模拟不同国家和地区的文化，了解这些文化的历史、传统和特点。例如，用户可以通过虚拟旅游体验不同国家和地区的文化、历史和风景，感受到文化多样性的美感。虚拟文化还可以帮助人们更好地保护和传承文化，将文化传统融入到虚拟体验中，让更多人了解、认识和喜欢这些文化。

　　教育领域也是虚拟美学的一个重要应用领域。通过虚拟技术，学生可以更加身临其境地感受学习内容，增强学习体验和兴趣。例如，在学习历史和地理知识时，虚拟技术可以展示不同时代的历史场景和地理风貌，让学生更好地理解和掌握这些知识。

　　艺术领域也是虚拟美学的潜在应用领域。虚拟技术可以帮助艺术家更加自由地表达，拓展艺术的表现手段和形式。例如，虚拟艺术可以让艺术家用新颖的方式来呈现作品，同时与现实世界进行整合，带来更多的创意和美感。

　　总之，虚拟美学和现实美学虽然存在一定的差异，但是二者之间也存在着相互关联和互相补充的关系。随着虚拟现实技术的不断发展，虚拟美学在设计领域中的应用前景十分广阔，这将带来更加多样化和更为优质的美学体验。虚拟美学必将成为未来设计领域的重要组成部分。

第三节　虚拟美学的基本特征和主要观点

　　虚拟美学是一种从虚拟环境出发对美感的探讨和体验。它以虚拟现实技术为基础，借助计算机生成的虚拟环境，将美学范畴中的识别、评价、欣赏等环节进行整合，创造出了一种新的美学体验方式。下文将对虚拟美学的基本特征和主要认识进行详细阐述。

一、基本特征

（一）实验性

　　虚拟美学是一种新兴的美学领域，它试图探索和创造一种新的美学体验和判断、评价方式，而这种美学具有的实验性质是不可避免的。

虚拟现实技术的不断进步为虚拟美学提供了更多的可能性和空间。虚拟美学意味着将视觉、听觉、触觉、嗅觉等多维的感官体验融合在一起，创造出远远超出物理世界的美学体验。虚拟美学不仅仅涉及通过计算机生成的图像和声音来模拟真实世界，它还可以从文化、历史、哲学等方面出发，来探索美学的本质和真谛。

虚拟美学的实验性质意味着需要不断地进行试错和改进。人们需要不断尝试新的美学体验和方法，以更好地发掘出虚拟美学的潜力和可能性。人们需要从不同的角度出发，不断地讨论、研究、探索虚拟美学的本质和意义，逐步完善其理论体系和实践方法。

从美学评价的角度看，虚拟美学的实验性质也体现在其评价方式的变化上。虚拟美学评价的基准和标准不再是物理空间和现实世界，而是虚拟空间和虚拟世界。虚拟美学的美学评价方式需要从不同的方面进行考虑，如审美体验、情感体验、美学意义等，从而得出一个全面的评价结果。

（二）交互性

虚拟美学是一个充满交互性的美学领域。虚拟现实技术的发展促进了虚拟美学的交互性，不仅用户可以与虚拟环境进行互动，而且可以感受到美感效果，甚至通过互动来改变虚拟环境的状态和变化。

虚拟美学的交互性将美学的重心从美感对象转移到了美感主体，即用户。用户成为虚拟美学的中心，参与到虚拟美学的创作和体验中。虚拟美学的创作者需要考虑用户的不同需求和情感体验，从而更好地提供满足用户需求的优质体验。

虚拟美学的交互性不仅仅局限于触摸、点击等基本操作，还能通过动作感应、声音识别等高级技术实现更广泛的交互方式。这种互动式的体验不断激发着用户的好奇心和创造力，让用户发现新的美感和体验，同时也让虚拟美学呈现出更加丰富的形式和风格。

虚拟美学的交互性不仅让用户成为虚拟美学的参与者，同时也让用户成为美学的创造者。在虚拟美学中，用户可以通过互动来改变虚拟环境的状态和变化，从而创造出自己的美学作品。这种交互性的创造过程不仅提高了用户的美学体验质量，同时也满足了其对美学的探索和创造的需求。

（三）超越性

虚拟美学是一种超越传统美学理论框架的美学体验。传统美学侧重于研究自然与社会现实中的艺术创造，所以形成了一些固有的思维模式和框架。与之相比，虚拟美学的特点在于它可以创造出超越现实的虚拟环境，消除现实中的客观限制和约束，从而为用户提供多元、复杂和深刻的美感体验。

虚拟现实技术的发展，让虚拟美学的超越性质得以充分体现。虚拟环境的构造不再受到物理空间和时间的局限，虚拟现实技术可以呈现出更加丰富多彩的图像和声音，并通过智能算法指导互动、自适应等方面的设计和优化。这些新型技术手段及方式为虚拟美学创造了全新的表达手段，改变了以往传统美学的表达方式，从而为用户带来更加自由和无拘束的美感体验。

虚拟美学的超越性既是其优势，也是一种挑战。由于虚拟美学的新技术和新手段，使得美学体验变得更加复杂和深刻。虚拟美学面临的问题和挑战是如何在更加复杂的美学信息中挖掘用户的好奇和创造力，通过新颖的体验方式和创新的互动体验来引导用户，提升美学体验的深度和广度。

因此，虚拟美学的研究和探索也需要结合新型技术和新手段，注重美学体验的创新和实践，增强虚拟美学的针对性，使其更加贴合用户需求和美感体验。同时，还应积极探索虚拟美学的交叉与融合，更好地将其与生活和社会相结合，推动虚拟美学从理论上和实践上的不断创新与进步，引领美学理论的科技创新。

（四）贴近性

虚拟美学是一个新兴的美学领域，通过运用新型技术探讨艺术与美感。它既是一种理论探讨，也是一种艺术实践。虚拟美学关注现实世界人们的美感需求和情感体验，致力于创造出与现实世界接轨的较为真实的美感体验。在这一过程中，贴近性是虚拟美学的一个重要特点。

虚拟美学的贴近性体现在虚拟现实技术和现实世界美学文化的结合上。虚拟现实技术可以重构虚拟环境，为用户提供更加丰富多彩的虚拟景象及互动体验。同时，虚拟美学在技术的支撑下，积极探索现实世界美学文化和美感体验的深入理解，以便更好地为人们创造出与现实相近的美感体验。

虚拟美学的贴近性既包括"技术与现实"的贴近，也包括"虚拟与真实"的贴近。在技术与现实相结合的过程中，虚拟美学需要充分考虑现实世界的美学文化，理解美学文化对于人们美感需求和情感体验的重要性，并将其融入到虚拟美学的创造过程中。同时，虚拟美学的创新应不仅是创新技术，更要关注用户需求和情感体验的创新。

虚拟美学的贴近性还可以通过"虚拟与真实"的融合来实现。虚拟美学可以通过现实生活的各种元素，如场景、人物、情感等，来创造具有真实感的虚拟美学体验。这种融合可以打破虚拟和现实之间的边界，让用户在虚拟环境中获得更加真实的美感体验。

因此，虚拟美学在追求贴近性的过程中，不仅需要技术手段的支持，还需要对现实世界美学文化的深入研究和理解。只有这样，才能更好地将虚拟美学与现实生活联系起来，并创造出更加具有真实感和情感体验的美学体验。虚拟美学应该成为人们美感需求和情感体验的新时代，不断深化与现实世界的贴近，让美学之美更好地服务于人类的生活。

（五）集成性

虚拟美学作为一个新兴的学科，需要借助多个领域的知识和技术，实现虚拟环境的生成、运用和管理。这涉及虚拟现实技术、计算机科学、工程技术、心理学等多个领域的整合和研究，使得虚拟美学能够实现集成性。

虚拟美学的集成性是从虚拟现实技术的实现开始的。虚拟现实技术是实现虚拟环境的重要手段之一，需要借助多个方面的技术，如图形学、计算机模拟、多媒体技术等。虚拟美学需要探究这些技术的特点和应用，运用它们来创造更加具有真实感和美感的虚拟环境。此外，虚拟美学需要将虚拟现实技术与其他技术进行整合，如人工智能、机器学习等，以实现更加智能化、个性化的虚拟环境。

虚拟美学的集成性还需要在管理和运用上进行探索。虚拟环境的生成和运用需要依赖复杂的系统和工具，如虚拟环境开发平台、虚拟化技术、分布式系统等。这些技术需要与虚拟美学的目标和应用需求相匹配，才能实现更加高效、实用的虚拟美学体验。虚拟美学还需要借助于心理学、社会学等知识，通过了解人类的需求和行为，为虚拟环境的管理和运用提供理论支持。

二、主要认识

（一）虚拟美学是一种新的美学领域

虚拟美学是一种涉及虚拟现实技术、计算机科学、心理学、文化研究等不同领域的众多学科的交叉领域。它是在现实美学基础之上的新领域，旨在研究虚拟环境中的美与美学原则。虚拟美学的目标在于探究虚拟现实技术，创造一种新颖的虚拟环境以及提供一种全新的美学体验，使人们能够更充分地了解、感受虚拟环境中的美，进而提供更加准确和全面的评价方式，达到提升人们审美和培养美好情感的目的。

虚拟美学的研究范畴包括虚拟现实技术、计算机图形学、多媒体技术、人工智能、心理学、文化研究等不同领域。虚拟现实技术是虚拟美学的重要技术基础，计算机图形学是实现虚拟世界的关键技术之一，多媒体技术是实现虚拟环境中各种感官元素的有力工具，人工智能则是实现虚拟环境多样化和互动化的重要技术。心理学和文化研究则能帮助我们更全面地了解人们对美的态度和感受。

虚拟美学在美学领域的创新之处在于它对传统美学的概念、范畴和方法进行了重新审视。虚拟美学不再拘泥于形式、内容、结构等传统美学范畴，而是更多地关注虚拟环境的特点和人们的感受。同时，虚拟美学也关注美感的主体性和个体差异，重新评价美感的标准和方法。其重视美感的主体经验和感知的多样性，鼓励每个个体表达自己的审美观点。

虚拟美学的应用范围也十分广泛，包括游戏、虚拟旅游、虚拟艺术、虚拟教育、虚拟医疗等领域。游戏产业是虚拟美学应用最为广泛的领域之一，虚拟旅游则可以让人们在虚拟环境中体验到不同的文化、历史和风景，虚拟艺术则带来了新的艺术表现形式等。虚拟美学的应用范围不断扩展，为人们带来了更多更丰富的视觉体验和精神享受。

虚拟美学作为新兴的科学和理论体系，正不断地发展和完善。虚拟美学研究者和实践者需不断进行创新和实验，探索出更加适应人们审美需求的虚拟美学理念和应用方法。"价值感受"是虚拟美学研究的核心，也是这个领域最重要的美学范畴之一，它应该成为我们研究和评价虚拟环境中美的重要视角。同时，虚拟美学的阐释和实践应始终站在推动人类审美、启迪人类智慧和创造更美好世界的立场和目标，促进人类审美活动的全面发展。

在未来，虚拟美学研究的发展趋势将越发明显。随着虚拟现实技术、人工智能和计算机图形学的迅速发展，虚拟环境中的美将继续触及人们生活中的方方面面，虚拟美学的应用也将日趋普及。但我们也需要认识到，在虚拟美学研究和实践中，人类的审美需求和价值才是核心，技术和艺术只是手段。

（二）虚拟美学是文化创新的重要领域

虚拟美学是一项能够弥补现实生活中物质空间不足的美学领域，它是由技术、文化、艺术等多个领域交叉而成的一种跨界创新。虚拟美学借助于虚拟现实技术，打造出了一个新的虚拟空间，超越了传统的物质空间，在虚拟的环境下展示出了独特的美学审美，为整个文化产业提供了新的创新方向。

虚拟美学的出现，从根本上挑战了传统美学的观念。传统美学所提倡的展示形式和欣赏方式都具有一定的局限性，而虚拟美学的出现，以新的范式为基础，拓展了现有美学的维度。虚拟美学的审美标准不再局限于传统的形式、内容和结构，而是更加关注人们对于虚拟环境中的体验和感受，强调主观的审美经验。在虚拟美学中，我们可以获得更加自由、丰富的审美体验。

虚拟美学在文化创新领域的应用前景十分广阔。虚拟美学与现实生活完全不同，可以让人们进入到一个全新的虚拟世界中，获取不一样的文化体验。虚拟美学的应用领域包括游戏、虚拟旅游、虚拟演出、虚拟艺术、虚拟教育、虚拟医疗等。从目前的应用情况来看，虚拟美学在游戏、虚拟旅游等领域受到了广泛关注。

虚拟美学在文化创新方面的应用体现在它可以提供全新的文化体验。虚拟美学创建了一个独特的美学世界，打造出了虚拟的文化空间。虚拟美学可以让人们在不同的文化背景下获取更加广泛和多样的文化体验，提供强烈的传统与现代生活相结合的创新感受。此外，虚拟美学还可以为文化传承和文化创新提供新的发展思路和方法，开拓出更广阔的文化创新空间。

虚拟美学有望为文化产业带来更多的应用机会和商业价值。文化产业采用虚拟美学技术，可以使文化产品更具感染力和趣味性，提升人们的消费体验和文化素质，推动文化产业向更深层次发展。同时，虚拟美学的跨界性使虚拟美学与其他产业紧密结合，为产业带来了更为广泛的应用空间和商业价值；变革传统工艺方式，打破地域、时空限制，以新的方式为文化产业的转型和升级提供了有力支撑。

总之，虚拟美学是多个学科领域的交叉，是一种新的创新方式，借助虚拟现实技术，拓展现有的美学维度。从文化创新的角度看，虚拟美学为文化产业开辟了新的思路和方法，拓展了产业的应用范围和商业价值。随着科技的不断发展和虚拟现实技术的不断提升，相信虚拟美学的应用与发展会更加广泛和深入。

（三）虚拟美学的审美体验和价值是相对的

虚拟美学是一种全新的美学范式，它的出现打破了传统美学的观念，探寻了更加自由、丰富、多元化的美学标准。然而，由于虚拟美学是新生事物，其审美体验和价值的相对性是难以避免的。在场景、形态、情感等方面，虚拟美学的体验和价值存在着很大的差异，这种差异与观察者的主体性和文化背景有关。

首先，虚拟美学的美感体验和价值是相对的，与个体的主观经验密切相关。每个人的审美观点和喜好都是不同的，这导致了同一种虚拟场景或作品会使不同的人产生不同的情感和价值。例如，在一个虚拟的花园里，有的人可能会因为花朵的绽放和草地的绿色而感到愉悦，有的人可能会因为角度、音乐等因素而产生不同的感受。因此，虚拟美学的评价和欣赏不应仅仅看重某些具体的美学标准，而是需要考虑观察者的主体性和个体差异，尊重个性化的审美体验。

其次，虚拟美学的价值也与观察者所处的文化背景有关。虚拟美学是在科技、文化、艺术等多个领域交叉而成的跨界创新，其美学价值体现在与现实世界不同的审美规范、形式和意象。在不同的文化背景下，人们对于虚拟美学所传达的意象和价值的理解以及接受程度是不同的。例如，在中国文化背景下，龙、凤、狮等动物形象被视为吉祥的象征，在虚拟美学中的运用也会让中国观众更容易引起共鸣。而在西方文化中，对于虚拟美学所发掘的文化元素和符号，人们的理解和接受程度则是不同的。引导观众从自身文化背景出发，把握虚拟美学评价标准中的文化因素，才能更准确、深刻地理解虚拟美学的审美意义，从而获得更加丰富、深入的美学体验。

最后，虚拟美学的评价和欣赏也要考虑整体性和多元化。虚拟美学是通过创造出的虚拟环境来展示美的形式、内容和审美价值的，因此，评价虚拟美学的价值时，要将整个美学体验作为一个完整的系统来考虑。虚拟美学不仅限于美学形式和审美标准，还包括与现实生活相连的情感和心理体验等方面，这是形式上无法完全转移的。因此，评价虚拟美学时需要将这些方面的价值以及虚拟美学与现实生活之间的联系考虑到，尽可能地体现出虚拟美学的多元性和整体性。

综上所述，虚拟美学的美感体验和价值是相对的，与观察者的主体性和文化背景密不可分。评价虚拟美学的价值时需要避免过于单一和机械化，尊重个性化的审美体验，引导观众从自身文化背景出发，把握虚拟美学评价标准中的文化因素，同时全面地评价虚拟美学作品所体现的价值，以获得更加准确、全面和深刻的美学体验。也只有这样，才能真正实现虚拟美学的价值和意义。

（四）虚拟美学的可持续性和社会责任是重要问题

虚拟美学是一种新的美学形态，其背后的技术与文化都在不断发展。

在虚拟美学的研究和应用中，我们应该关注它的可持续性和社会责任，以确保其能够为人类社会的可持续发展和进步作出积极贡献。

首先，虚拟美学的可持续性是需要重视的。虚拟美学涉及到的技术和设备对于环境的影响与日俱增，如大量的电力消耗、网络开销和硬件垃圾等会对环境造成影响。因此，在虚拟美学的发展与应用过程中，我们必须考虑其对环境的影响，并且致力于减少环境负担。例如，可以通过使用更加节能的技术设备、优化虚拟美学应用程序的设计和运行方式等方法来减少虚拟美学的资源消耗和环境负担，以此推动虚拟美学的可持续发展。

其次，在虚拟美学的研究和应用过程中，我们需要关注其社会责任。虚拟美学的迅速发展也可能伴随着一些社会问题，比如虚拟世界中的信息泄露、网络暴力、虚假广告等。因此，在推动虚拟美学的发展和应用时，我们需要重视其社会责任，避免其对社会造成负面的影响。比如，可以通过制定规范和监管制度来保证虚拟美学应用的信息安全和真实性，尽量减少信息泄露和虚假信息的传播，从而维护用户和社会的利益。

再次，虚拟美学还需要关注文化多样性，并尊重不同文化背景的个体。在虚拟美学的设计和应用中，需要尊重不同文化的审美标准和习惯，而不是追求单一的标准和范式。例如，在虚拟世界的游戏设计中，应该考虑不同文化群体的参与和习惯，让虚拟美学更加充分地体现文化的多样性和代表性。

最后，在虚拟美学的研究和应用中，需要关注个体和社会的价值实现。虚拟美学作为一种新的美学范式，应该以增进个体和社会的幸福、创新和发展为目标。因此，在虚拟美学的应用和发展中，需要从用户的需求出发，多方面考虑虚拟美学的价值，推动虚拟美学技术和应用的协同发展，提高其价值实现和社会效益。

综上所述，虚拟美学的可持续性和社会责任是虚拟美学研究不可忽视的重要问题。我们需要关注虚拟美学的环境影响、社会责任及文化多样性等方面，遵循可持续发展的原则，保护生态环境和社会利益，并确保其不会带来负面影响。通过以上的努力，虚拟美学将能够更好地服务于人类社会，为人类的可持续发展和进步作出积极贡献。

（五）虚拟美学是未来发展趋势的重要体现

虚拟美学自问世以来，就以其新颖、独特的呈现方式和美学思考深受人们的关注，其核心理念和思想观念的引领和应用也有力地推动了文化和科技的交织发展。虚拟美学作为一个新的、前沿的艺术形式，早已超越了传统艺术的界限，成为吸引年轻人的新型文化、技术辅助的教育工具和商业创新。虚拟美学的出现，也实现了科技与美学的交融，展现了未来美学发展的重要趋势。

首先，虚拟美学的发展和应用将会涉及越来越多的领域和应用场景。随着虚拟现实技术的不断进步，人们的生活方式和办公模式也在发生重要的变化。虚拟美学将会涉及游戏产业、艺术市场、数字时尚、虚拟世界等诸多领域，并针对不同产品和服务进行不断的创新和升级。比如，在游戏产业中，虚拟美学不仅在游戏画面的设计和制作中起到至关重要的作用，还可以在游戏情节、角色塑造等方面进行很好的应用，推动游戏的发展和受众的增加；在艺术市场中，虚拟美学可以用来创作和展示数字艺术作品，为艺术家提供新的创作渠道和表现方式。以上都是虚拟美学应用的典型案例，未来的发展空间也会变得无限广阔。

其次，虚拟美学在向更深层次的美学思维和实践方向发展。虚拟现实和计算机科学等技术的发展，使得虚拟美学成为了一个能够展现更为多样、丰富的艺术形态的产物。在虚拟美学的发展中，人们对美学思维、文化传承的理解及把控更为准确，针对不同用户的个人需求和文化特性可以设计出不同的虚拟美学产品，服务于广大参与者，同时也进一步促进了人们的审美理念和态度的升级。

最后，虚拟美学也将成为未来创新和商业发展的重要方向之一。虚拟美学的发展，为原来的产品及各类企业带来了全新的增值功能。例如，在时尚界，虚拟美学让人们不需要身体穿过各种样式的服装，但仍然能够通过虚拟使用或即时试穿等方式，去突破以往的束缚，自由创意的买衣风格，提高销售转化率和顾客黏性。在金融界，虚拟美学的落地应用方式则可以推出数字货币、智能合约等产品，进一步深入到其他虚拟应用场景中去。

综上所述，虚拟美学是未来发展趋势的重要体现。虚拟美学的出现和发展，是未来艺术、文化与科技领域的必然趋势，将会涉及更加广泛的领域和应用场景，在美学思维和实践、进一步创新及商业领域的发展上都具有很强的潜力和应用价值。尤其是在数字文化和人工智能领域，虚拟美学将会让人们对虚拟世界和物理世界之间的界限有更加清晰和深刻的认识，并为支持创新、推动技术进步、提升生活提供绝佳机会。

第四章
CHAPTER 4

虚拟美学与艺术创作

第一节　艺术创作中的虚拟美学元素

艺术创作是虚拟美学的一个重要应用场景，虚拟美学作为一种新型技术与美学的交叉领域，为艺术创作带来了全新的表现形式。虚拟美学在艺术创作中的应用不仅可以提升艺术作品的美感和趣味性，同时也可以使艺术家们在创作时更加自由和灵活。本章将从视觉元素、形式元素、情感元素和交互元素四个方面，探讨虚拟美学在艺术创作中的应用。

一、视觉元素

在艺术创作中，视觉元素是最为重要的因素之一。虚拟美学通过数字技术、计算机视觉技术等手段，为艺术创作带来了更丰富的视觉效果。

（一）光影

光影一直是艺术创作的重要因素之一，因为其可以通过视觉效果来营造出不同的氛围和情感，进而传达出艺术家的意图和思想。而现在，随着虚拟美学的不断发展与应用，艺术家们通过虚拟光影技术，可以创造出更加真实、丰富的光影效果，从而达到更优美的视觉效果和情感表达。本书将从虚拟光影技术中的反射、折射、透射等主要效果出发，阐述虚拟美学如何利用光影实现艺术创作的提升与突破。

反射是虚拟美学中最常见的光影效果之一。反射是指光束在遇到光滑表面后发生反向偏转的现象。这种现象可以被艺术家们运用到数字艺术中，通过精细地处理与调整，使光线在反射后可以恰当地反射到被镜面所覆盖的部分，从而营造出更加真实的画面效果。例如，当一个对象被放置在具有镜面反射性质的地板上，艺术家们可以利用虚拟美学的反射技术来创造出完美的镜面反射效果，从而提高画面的真实感和趣味性。

折射是虚拟美学中另一个重要的光影效果。折射是指光束在通过介质的不同折射率时，发生了方向的偏转，因此，艺术家们通过虚拟光影技术，利用折射的方法可以在数字艺术中实现多种光影效果。例如，在数字画作中，艺术家可以运用折射效果来表现水中鱼儿的真实动态，因为水中的折射现象会使得鱼儿看起来更加清晰并具有"挪移"的效果。此外，在珠宝、水晶和玻璃等物品的模拟中，艺术家可以通过虚拟光线的折射来赋予其更加真实、更加丰富的外观，并更好地实现光线的传递。

透射是虚拟美学中重要的光影效果之一。透射是指当光线穿过透明介质时，其方向会发生变化，这种效果可以用来构造出透明物体或天空中的颜色，从而实现更加真实的效果。在数字艺术中，艺术家可以通过虚拟技术实现大气散射和空气透明度的效果，如当光线穿过烟雾或云层时，在画面上留下淡淡的色彩，可以提高画面的真实感和兴趣性。此外，在虚拟场景中，通过透明材料的处理，艺术家也可以表现出其透明度和光泽度，从而实现更加立体、真实的视觉效果。

通过上述的介绍可以看出，虚拟美学在艺术创作中运用光影技术可以达到的效果。从反射、折射、透射等角度出发，虚拟美学可以实现更加真实、更具有创意和艺术价值的视觉效果，可谓为艺术家们在创作中提供了更广阔和丰富的想象空间（见图4-1）。虚拟光影技术的应用不仅可以提高艺术作品的真实感和美感，也可以更好地传达出艺术家的情感和意象，让观众更深入地感受到艺术作品的魅力和价值。

图 4-1　利用光线折射的珠宝展示

资料来源：笔者 AI 设计绘制。

（二）色彩

虚拟美学是一种将虚拟技术和美学理论相结合的艺术创作方式，它为艺术家提供了许多创作的可能性。在虚拟美学中，色彩是一种非常重要的视觉元素，因为色彩可以传达出不同的情感和意境，影响着观众的情感和认知。在数字艺术中，虚拟美学技术可以通过色彩的处理来增加艺术作品的美感或增强作品的表现力，从而创造出更加多彩和抽象的作品。本书将从数字艺术中色彩处理的方式和方法入手，探讨虚拟美学在色彩中的运用。

在数字艺术中，艺术家可以通过自由搭配不同的色彩，实现不同的效果。例如，在抽象艺术中，通过运用明亮的色彩、张力强烈的线条和形态的设计，可以传达出一种充满生命力和灵气的感觉。而在写实艺术中，则需要更准确地表现出物体的形态和颜色以达到真实的效果。因此，艺术家需要根据自己的创作目的和表现手法来选择不同的色彩搭配，以达到更好的艺术效果。

虚拟美学技术可以通过色彩的处理和调整，营造出不同的视觉效果（见图 4-2）。例如，可以通过增大或减小饱和度来调整色彩的明暗度，或者通过更改色彩的亮度来调整色彩的鲜艳度。这些调整可以让画面更加生动和富有变化,提高观众对作品的兴趣和欣赏价值。同时,虚拟美学还能够通过柔化或强化色彩的对比度,突出作品中的主题。这些调整和处理可以营造出一个更加丰富多彩的虚拟世界,吸引观众进入艺术家的创作空间,感受创作的乐趣。

图 4-2　经过色彩处理的长城图

资料来源:笔者 AI 设计绘制。

在数字艺术中,色彩的运用也可以表达出艺术家的情感和思想。艺术家可以通过调整色彩的明度、饱和度和对比度来表现出艰苦的经历、鲜活的活力或哀伤的情感。例如,在抽象艺术中,艺术家可以通过运用特定的色彩组合和效果,表达出内心的情感,也可以将色彩与其他元素相结合,如形态和符号,实现更加完整和具有延续性的内在表现。这样,观众可以通过作品的色彩,感受艺术家所要表达的情感和思想,加深对作品的理解和欣赏。

综上所述,虚拟美学在数字艺术中的色彩处理和运用无疑起着重要作用。通过灵活搭配和处理色彩,可以创造出不同的视觉效果和意境,从而实现艺术作品的目的和价值。因此,艺术家们需要在创作中增强对于虚拟美学的掌握,运用光、影、色等元素,在数字艺术中创造出更具有艺术价值的作品。

（三）空间

虚拟美学是一种结合虚拟技术和美学理论的艺术创作方式，产生了许多新的创作可能性。在虚拟美学中，空间成了艺术表现的重要元素，创造出了各种幻想空间、立体空间、平面空间和虚拟空间等不同的空间形式，为艺术家提供了全新的空间表现手段。本节将从数字雕塑的角度，探讨虚拟美学在空间上的运用。

数字雕塑是一种通过计算机模拟和虚拟技术来创造的雕塑作品。通过虚拟美学技术，艺术家可以在三维空间中创建、设计和展示自己的作品。与传统的雕塑作品相比，数字雕塑具有更加灵活和自由的表现方式，能够通过空间操作来展现出艺术家的创意和灵感。

在数字雕塑中，虚拟美学可以创造出不同的幻想空间，为艺术家提供了更多的表现形式。例如，通过数字技术，艺术家可以创造出不存在的物体和场景，并在虚拟空间中进行创作，实现想象力的自由表达。这些虚拟的空间可以是任何形式，或者是一个奇幻世界，也可能是以人类生活为主题的场所，甚至可以是观众无法想象的怪诞形态。这种空间能够创造出更加多样和丰富的作品，吸引更多的观众参与进来，带来更加丰富的艺术体验。

在数字雕塑中，虚拟美学可以帮助艺术家在三维立体空间中实现缩放、移动和旋转等操作来展示作品。虚拟美学技术可以让艺术家通过鼠标和键盘进行空间上的操作，而且还可以实现动态的展示效果和动画效果。艺术家可以通过这些丰富多彩的表现方式来呈现自己的想法和创作灵感。此外，虚拟美学技术还可以让艺术家在数字空间中展示不同的透视效果和空间感觉，从而让观众更深入地理解作品的内涵。

在数字雕塑中，虚拟美学可以让艺术家在作品的平面空间中创造出更加艺术化的表现效果，可以通过数字技术在平面空间中进行创作，运用不同的透视和清晰的线条，来创造出更加生动和具有现代感的作品（见图4-3）。在数字雕塑中，艺术家可以设置不同的光线和光影效果，从而让艺术作品更加真实和立体化。此外，虚拟美学技术还可以让艺术家运用多种材质和颜色，在平面空间中创造出更加有感染力的艺术作品。

图 4-3 虚拟技术设计的汽车

资料来源：笔者 AI 设计绘制。

综上所述，虚拟美学在数字雕塑中的空间表现手法非常丰富和多样化。通过数字技术的帮助，艺术家可以创造出不同的幻想空间、立体空间、平面空间和虚拟空间，让作品更加具有艺术价值和观赏价值。未来，随着虚拟技术的不断发展和应用，虚拟美学在数字艺术表现中的应用将会越来越广泛，为创作提供更加丰富的空间表现手段。

二、形式元素

在艺术创作中，形式元素也是一个至关重要的方面。虚拟美学不仅可以提供不同的形式元素，而且可以利用形式元素表达不同的视觉效果，从而达到艺术创作的效果。

（一）图像处理

虚拟美学是一种结合虚拟技术和美学理论的艺术创作方式，可以创造出各种虚拟空间、幻想空间、立体空间和平面空间等不同的空间形式，并且在图像处理方面也有着广泛的应用。在图像处理中,虚拟美学和虚拟技术共同打造了多种特效和风格,如梦幻效果、二次元风格、手绘风格、剪纸风格等,这些风格形式的产生为大众提供了更加多样和个性化的艺术视觉体验。本节将从这些方面来分析虚拟美学在图像处理方面的应用。

梦幻效果是虚拟美学在图像处理中的一个重要应用。梦幻效果通常是利用虚拟技术,通过模糊、光影等效果来营造出一种梦幻般的视觉效果。这种效果常常被用于梦幻风格的照片、电影、插画以及设计中,给人带来一种神秘的感觉。梦幻效果的应用让一些普通的照片变得神秘而有趣,给人们带来了更多的艺术体验。

二次元风格是近几年在数字绘画和设计领域中比较流行的一种风格(见图4-4)。它通常以特定的色块、简单的线条和明亮的色彩为特征。利用虚拟美学技术,创作者可以在图像处理中利用平面设计的技巧,将图片处理为二次元风格,可以调整图片的颜色、光影等。二次元风格通常具有一些热情、无畏、年轻的元素,让观众感受到青春的气息,这种风格在现代年轻一代中较为流行,在娱乐、广告和游戏领域也有广泛的应用。

图4-4 二次元风格的作品

资料来源:笔者 AI 设计绘制。

手绘风格则是利用数字化技术对图片进行艺术处理,让图片看上去像是手绘的一样(见图4-5)。以往手绘风格的制作都是需要画师进行手工绘画,而如今,虚拟美学的出现为手绘风格的制作提供了新的方式。虚拟美学技术可以模拟出手绘风格的线条、颜色、笔触等元素,通过一些数字工具来加强手绘效果,让图像看起来更加具有艺术感和想象力。

图4-5 经过手绘风格处理的图片

资料来源:笔者AI设计绘制。

剪纸风格是运用虚拟美学技术将图片处理成具有中国传统剪纸特色的风格。在剪纸风格中,背景常常是黑色或白色,图案以剪纸的方式呈现,色彩和线条简洁,富有民族特色和地域文化吸引力,这种风格在企业宣传、文化产品推广、文艺表演、艺术展演等方面应用广泛,成功塑造了很多品牌形象和视觉符号。

总的来说，虚拟美学在图像处理方面有着丰富和广泛的应用。通过虚拟美学技术，我们可以创造出各种不同风格的特效，并丰富人们的视觉感受。虚拟美学精彩的应用，让艺术的空间变得更加广阔、创意的想象变得更加丰富，就像是现实世界与虚拟世界的融合。它为数字艺术和平面设计带来了新的生机，可以创造出更加立体化的效果，充分满足人们多样而个性化的视觉需求。

（二）视觉特效

视觉特效是虚拟美学在图像处理方面的一个重要应用。通过各种视觉特效手段，如透明、模糊、扭曲等对画面进行处理，从而实现更完美的视觉效果或表达更深入的情感。近年来，视觉特效在广告、电影、电视、应用软件等领域得到了广泛的应用，因为它可以帮助人们更好地呈现和传达信息。本部分将从以下几个方面来研究虚拟美学在视觉特效方面的应用。

首先，透明效果是常见的视觉特效之一，它让图片或视频中的某些部分产生透明的效果，强化了视觉效果，也让特定信息更容易被观众看到。透明效果可以让画面中的前景和背景产生一定的交互，从而增强画面的层次感和立体感，常用于海报、广告、网页、App 界面等。

其次，模糊效果是应用比较广泛的视觉特效，可以通过减少一部分图像细节来实现画面的模糊处理，使得画面中的重点更集中和突出。模糊效果能够增加画面的虚幻感和艺术感，可以让观众更加关注到画面中的主体元素，如在电影中常用于描绘人物的内心情感状态，也常用于广告等营销方式中。

再次，扭曲处理可以产生一种畸变的效果，让原来的图像在视觉上更有震撼力，同时也会让观众产生更强的视觉冲击力。扭曲效果多用于艺术作品与设计中，能够提高画面的艺术感和独特性。

最后，灯光和阴影效果也是视觉特效中广泛应用的一种手段。"九五至尊"电视广告中的特效可以说明这一点。在广告中，通过运用灯光和阴影的变化来突出产品特点，打造出令人难忘的视觉效果。

另外，还有一种叫作镜像特效的特效技术。镜像特效是通过将画面中的内容复制一份，然后将这份复制品做出水平镜像或垂直镜像的效果来实现。例如，在电影《盗梦空间》中使用的镜像特效，在这部电影中，主人公需要穿越多层梦境才能完成任务，每一层梦境的环境和规则都不同，为了表现这种错综复杂的情况，导演克里斯托弗·诺兰使用了大量的镜像特效来展示不同梦境之间的变幻和相互影响。如在第二层梦境中，太阳对面的建筑物被复制后作为对称的镜像映射在湖面上，为观众呈现出一个奇幻却又神秘的场景，增强了电影的视觉效果。

总的来说，虚拟美学在视觉特效方面有着广泛的应用。透明、模糊、扭曲、灯光与阴影、镜像等不同的视觉特效手段都可以被运用来丰富和增强画面效果，引导观众的视觉焦点，赋予画面更深层次的表达效果。这些视觉特效可以让画面更有气息、更鲜明、更生动，让观众沉浸在画面中，从而深入地了解画面所要表达的信息。虚拟美学的技术与应用，让视觉特效变得更加丰富、更具个性化，可以更好地满足不同场景和需求的视觉传达。

（三）数字雕塑

数字雕塑是一种根据客户需求来数字化物体、人物和场景的技术。数字雕塑成为虚拟美学中的一部分，给人们提供了一种新的方式来给想象中的事物赋予形态。数字雕塑通过数字化技术，可以将各种不同的物体、场景、人物等进行虚拟化处理，从而打破了传统的制作方式，带来更加独特的创作形式。

数字雕塑是数字化时代中最具有革命性的艺术之一。这种新的方式运用计算机技术来创造，使传统的雕塑和造型创作摆脱了时间和空间限制。与传统手工雕塑不同，数字雕塑具有以下优点。

首先，数字雕塑技术可以快速地进行创作。因为使用计算机软件或绘图板进行创作，数字雕塑能够快速地实现多种数字造型的创作。

其次，数字雕塑技术可以提高创作效率。数字雕塑在整个创作过程中可以无限制地复制和修改，对于创作者来说，无论是重复的元素还是后期的修改，都可以节省大量时间。

再次，数字雕塑技术可以改善舞台效果。数字雕塑可以使用最先进的技术来创造最富有想象力的舞台，通过雕塑，可以表现出无法通过传统造型方式呈现的作品。

最后，数字雕塑可以展示全新的创意形式。数字雕塑在传统雕塑和现代建筑之间建立了桥梁，它可以将两种不同的艺术表现形式完美地结合。数字雕塑可以呈现出各种各样的形式和颜色，因此可以为艺术家和设计师提供新的创意，创造更加独特的艺术形式。

数字雕塑可以是一个重要的工具，让创作者可以在数字世界中完美地表现他们的想象力和艺术创意。数字雕塑可以融合科技和艺术，将科技和艺术完美结合，给人们带来更加优质的、独特的艺术作品。在未来，数字雕塑技术将越来越广泛地应用于媒体艺术和数字游戏中，使得人们对艺术、科技和生活的理解更加前沿和深刻。

三、情感元素

情感元素在艺术创作中也是重要的一个方面。虚拟美学可以为艺术家们提供更为自由地表达情感的空间，从而实现情感元素的更为丰富和深刻。

（一）立体感

立体感是虚拟美学中极为重要的一种设计元素，通过虚拟现实、增强现实等技术手段构建出具有三维效果的世界，为观众们带来更加逼真的视觉体验和情感感受。立体感的应用已广泛涉及影视、游戏、互动艺术等诸多领域，成为现代视觉艺术中不可或缺的一环。本部分将探讨立体感是如何在虚拟美学中发挥作用的。

立体感可以帮助创造更加逼真的作品。在传统的平面设计中，人们只能看到平面上的图案和色彩，难以展现出多层次的空间感。而立体感的应用使得我们可以看到在三维空间中的作品，观众们能够在虚拟的世界里感受到更加真实的、具体的空间和物品。在游戏和电影中，通过3D建模技术、立体渲染和抠图等手段，制作出了大量栩栩如生的角色和场景，让玩家感受到强烈的代入感和参与感。例如，在游戏《神秘海域4》中，角色的动作和场景的细节都非常精致，玩家可以尽情探索游戏世界的每个角落，享受到沉浸式的游戏体验，这些都离不开立体感技术的应用。

立体感还可以加深观众的情感感受。立体感使得视觉效果更加逼真生动，让观众们仿佛置身于画面中。在电影中，可以通过立体感来增强观众的情感反应。例如，使用立体感来增强恐怖片中的惊吓效果，或让爱情片中的场景更加具有亲近感和温馨感。在游戏中，立体感也能帮助玩家更好地体验游戏任务和剧情。例如，在游戏《看门狗2》中，玩家在宏伟的圣弗朗西斯科城中自由探索，感受到了大城市的繁华和复杂性，此时立体感技术越显重要，它能协助玩家更好地感知游戏世界，融于其中。

立体感技术在艺术创作中也有广泛的应用。立体感技术让艺术家们有了创作更加具有空间感的作品的可能。各种虚拟现实的艺术作品、互动装置及增强现实的场景设计，都体现出了立体感的应用。例如，在艺术展览"数字人类"中呈现的虚拟景观，通过3D立体模型和立体投影，让观众们看到了栩栩如生的数字人类社会，让人惊叹于虚拟技术的力量。

总之，立体感的应用使得虚拟美学的世界变得越发丰富多彩，让我们可以看到更加逼真的虚拟世界。同时，立体感技术也加强了观众和作品之间的情感连接，让作品更具有情感色彩。未来，立体感技术还可以和更多的技术手段相结合，实现更多的艺术创新和应用方案，为我们带来更加奇妙和卓越的创意作品。

（二）虚拟场景

虚拟场景是虚拟美学中一个非常重要的元素，其通过虚拟现实和增强现实等技术手段构建出创新、个性化、刺激、保密或神秘等虚拟的三维场景，让观众进入到虚拟世界中，产生多层次的情感体验。虚拟场景的应用已广泛涉及游戏、电影、广告、互动艺术和展览等诸多领域，成为现代视觉艺术中不可或缺的一环。本书将探讨虚拟场景在虚拟美学中发挥的重要作用。

首先，虚拟场景非常适合构建一些神秘、诡异或者壮阔的场景，让观众特别容易产生强烈的情感感受。虚拟场景的设计师可以将各种奇怪、不同寻常的构思和想法融入到虚拟场景中，创造出让观众感到出其不意和其他现实场景无法比拟的虚拟场景。例如，在电影《阿凡达》中，导演创造的潘多拉星球就是一个令人神往的虚拟场景，展现出了完美融合的自然美和科技美的景观，使观众产生了非常强烈的视觉与情感震撼。

其次，虚拟场景可以帮助制作人员节省大量的资源成本和时间成本，同时也增加了创作的自由度。在传统的电影、游戏制作过程中，需要耗费大量的时间和精力来制作真实的场景。而使用虚拟场景技术，制作者可以随意将不同素材进行拼接和调整，还可以进行多次更改，以达到最理想的效果。在游戏制作方面，通过虚拟场景技术可以大大降低制作难度和成本，提升生产效益，这也是 VR 技术在各大游戏中的不断应用和广泛普及的一个重要原因。

此外，虚拟场景还能够给观众带来视觉上的冲击和震撼。在 VR 影院中，观众们可以亲身体验到游戏、电影、表演等虚拟场景的非凡奇妙之处，感受到声音、光影和资源等多方面的刺激。同样在现实展览中，虚拟场景的技术引入可以拓展展览的空间和想象力，让观众有更加宏伟、创新、文化或时尚的感受。

综上所述，虚拟场景是虚拟美学中不可或缺的一个元素，将其与其他虚拟技术结合使用，使虚拟美学的世界变得更加引人入胜，给人们带来前所未有的体验和感受。良好的虚拟场景设计既能为制作者提供更大的想象空间和艺术创作的自由度，又能为观众带来视觉上和情感上的强烈冲击，是虚拟美学中一个极为重要的设计元素。

（三）元素变换

元素变换是虚拟美学中的一个重要元素，它可以帮助艺术家更灵活、更方便地表达自己的情感感受，并且可以根据主题、表现形式等进行不断变化，进一步强化观众的触动。虚拟美学通过素材、场景的变换，以及特效、光影等技术手段的应用，创造出神秘、奇幻、唯美、科幻等高度具有审美价值的虚拟世界，让观众充分地感受到美的魅力，提高人们对美的敏感度，增强美的价值观和审美观。

首先，元素变换有利于表达文化、主题和风格。虚拟美学中的元素变换可以让艺术家通过音乐、色彩、声音、象征符号等方式来展现文化、主题和风格。艺术家可以根据不同的主题和表现形式，通过元素变换来呈现各种风格。例如，在电影《流浪地球》中，元素变换同样起到了非常重要的作用。随着人类面临日益严峻的环境问题和能源危机，需要在宇宙中寻找新的家园，电影中呈现了一些令人惊叹的虚拟场景和元素。

其次，元素变换有利于增加虚拟美学的多样性和艺术性。虚拟美学中的元素变换可以让艺术家将不同的素材、场景进行组合，以创造出更加丰富多彩的虚拟世界。通过特效、光影等技术手段的应用，艺术家可以呈现出更加绚丽、炫目、富有厚度和层次的虚拟场景和元素，让观众因其独特而具有吸引力的艺术表现形式而被深深吸引。

最后，元素变换有利于创新表现以及增强观众的情感体验。虚拟美学中的元素变换可以让艺术家在表现中进行创新，从而让观众在观赏作品时能够得到更新鲜、意外的情感体验。例如，在电影《盗梦空间》中，电影导演采用了多种变换手段，包括在同一场景中演员的身影变换为不同年龄、不同形态，增强了艺术效果和对观众的视觉和情感冲击。

虚拟美学的元素变换，为艺术家创作提供了广阔的天地和丰富的表现空间，同时也为观众提供了更丰富的视觉和情感体验。通过虚拟世界中的元素变换，艺术家可以更加灵活地创造出独具特色的场景、梦幻的视觉效果、优美的音乐、神秘而阴森的空间、繁花盛开的自然景观等，引领观众探索和想象未知的世界，并产生强烈的情感共鸣和感受。虚拟美学通过元素变换的应用，不断推动着虚拟艺术的创新发展，提高了人们对美的欣赏和理解能力。

四、交互元素

对于交互元素的运用是虚拟美学在艺术创作中的又一大优势，因为它可以进一步拉近广大观众和作品之间的距离，提升观众对作品的理解和识别。

（一）互动设计

数字时代给艺术设计带来了更多可能性，虚拟美学成为设计师和艺术家探索创新的重要手段之一。互动设计作为虚拟美学的一种表现形式，可以让观众从被动的观看角色变成积极的"参与者",通过多种方式与作品进行交互和对话,打破传统艺术的陈规定式,创造全新的体验和互动方式,令人叹为观止。

互动设计可以提供更加沉浸式的观影体验。观众不再被限制在单一的角度上观看作品,而是可以通过手势、语音、眼神等多种方式与作品进行交互,加深对作品和艺术家的理解和感受。例如,在数字艺术展中,观众可以通过手势控制作品的移动和旋转,或者通过语音唤醒作品中的角色,与作品发生互动,增强了观众与作品之间的情感和互动性。

互动设计可以打破艺术作品的文件性①,并实现跨媒体互动。传统的艺术品需要在特定的地点、特定的时间才能展示,观众无法在不同的时间和地点接触艺术品。而通过互动设计,艺术家可以利用虚拟美学,创造出跨媒体的数字艺术作品,展示在不同的设备上,让随时随地的沉浸式互动艺术体验成为可能。

互动设计能够让观众更深入地感知到作品所包含的主题和情感。在电影、游戏、数字艺术等领域中,艺术家或设计师可以将虚拟美学和互动设计相结合,通过制作具有情感、戏剧性等元素的场景或角色,观众可以进行虚拟互动,更深入地理解和感受作品的主题和情感。

总之,虚拟美学和互动设计为数字艺术提供了更多可能性,不仅能够提供更加沉浸式的观影体验,同时还能打破艺术的文件性,实现跨媒体展示和互动,创造更加多维度的艺术观赏体验。在未来,我们相信虚拟美学和互动设计会逐渐成为数字艺术的主要表现形式之一,创造更多新的艺术价值并且使艺术走向人性化的方向。

(二) 情境体验

虚拟美学的出现,为艺术设计带来了更多可能性。而情境体验则是虚拟美学的重要体验形式之一。通过虚拟场景、虚拟角色、虚拟动作等方式,构建异想天开的场景,并将观众带入其中,从而提供全新的体验。虚

---

① 文件性通常指的是艺术作品作为一种固定和静态的表现形式,它以某种形式(如纸张、画布、数字文件等)被保存和展示。当提到"打破艺术作品的文件性",意味着超越了这种传统的、静态的表现形式,让艺术作品变得更加动态。

拟美学的情境体验可以体现在多种表现形式中，如电影、游戏、音乐等，为观众带来具有情感、情境的沉浸式艺术体验。下面，我们将从游戏、音乐和电影三个方面来探讨虚拟美学的情境体验。

虚拟美学的情境体验在游戏中得到了充分体现。游戏作为一种娱乐形式，一直以来都是体验式的门户，而虚拟美学的情境体验则更是将游戏体验带上了新的高度。在游戏中，通过沉浸式的画面、音乐、角色等元素，可以为观众搭建出一个完整的虚拟世界，并且让观众充分体验到这个虚拟世界的每一个细节。例如，近年来刚刚上线的游戏，使用了虚拟美学的情境体验，让玩家更多地沉浸在了游戏情境中，不仅体验到了游戏玩法的乐趣，更是由心底深深感受到了游戏中所表达的情感、主题等元素。

虚拟美学的情境体验在音乐中也具有很强的表现力。虚拟美学会将观众带到一个完全不同的音乐世界中，通过音乐的旋律、音色、歌词等元素，诠释出不同的情感和主题。同时，虚拟美学的情境体验还会为观众提供更加丰富的音乐体验，如虚拟音乐会、虚拟音乐展等，现场体验似乎如身临其境。例如，在近年来的国际音乐节上，运用了虚拟美学的导入，成功地为观众打造出了一场异想天开、充满人性情感的音乐盛宴。

虚拟美学的情境体验在电影中同样具有非常高的表现力。电影作为另一种艺术表现形式，虚拟美学可以通过精湛的技术手段，为观众打造出栩栩如生的虚拟画面，使观众置身于不同的场景中。与传统的电影相比，虚拟美学的情境体验能够让观众更加深入地参与到电影中，与电影角色展开深入交互，对电影主题和情感有更加深入的了解和认识。例如，《阿凡达》这部电影采用了虚拟美学的情境体验，将观众带到了一个完全不同的世界，通过精美的画面和细腻的情感描绘，让观众得到了全新的电影体验。

综上所述，虚拟美学的情境体验不仅仅限于游戏、音乐和电影，还包括了其他艺术形式。通过虚拟美学的丰富表现形式，观众能够沉浸在不同场景和情境中，更加深入地参与到艺术作品中，全方位地感受作品所表达的情感、主题等元素。虚拟美学的情境体验是一种创新形式，在未来将会有更多可能性。

（三）虚拟美学展览

虚拟美学展览是运用虚拟美学技术的艺术展览方式。它通过虚拟现实、增强现实等技术手段，将真实的艺术展览转化为虚拟的数字形式展示，并通过多种手段让观众身临其境地参观。

虚拟美学展览不仅是将艺术品转化为数字形式，让人们在虚拟世界中欣赏艺术，更是通过虚拟现实等技术手段为观众提供更加真实的、更加全面的展览体验。如此一来，虚拟美学展览已经成为一种全新的展览形式。以下从三个方面阐述虚拟美学展览的不同点。

虚拟美学展览没有地域上的限制。艺术展览传统的方式是通过租赁大厅或建造展馆的方式来进行，这意味着展览的规模和受众都有一定的限制。而虚拟美学展览的到来，打破了地域限制，没有时间和空间的限制，让观众随时随地可以参观各种艺术展览。不管观众身处何地，只需要通过网络，即可任意参观全球各地的虚拟美学展览，这为艺术品的全球传播提供了新的途径和方式。

虚拟美学展览可以通过多媒体和互动等手段为观众提供更丰富的体验。传统的艺术展览是一个单向性的信息展示，观众缺乏互动及参与感，在文化积淀较强的市场上，凸显出了局限性。而虚拟美学展览则提供了更加丰富、多通道的参观体验。例如，观众可以在虚拟展览中与展品互动，通过触碰、点击等行为获得展示的信息。又如，虚拟美学展览可以将艺术品集成到有声有色的音乐或视频中，进一步提升了展览体验的艺术性。

虚拟美学展览打破了时间的限制，不受展期的限制，可以长期存在。传统艺术展览的时间非常短暂，时间的短暂性会限制观众的数量和观赏时间，尤其是在人流异常的时期。但是虚拟美学展览不同，虚拟展览是长期存在的，观众可以在任何时间、任何地点观看展览。此外，虚拟美学展览的长期存在也保证了艺术品能得到更好的保护。

综上所述，虚拟美学展览是一种全新的、创新的展览形式。它摒弃了传统展览方式的地域和时间的限制，通过运用虚拟美学技术及多媒体互动等手段，打破了传统艺术展览的束缚，带来了更加开放、更加丰富的参观体验。虚拟美学展览是未来发展的必然趋势，它为艺术品的展示打开了全新的大门，同时也为更多观众带来了更加真实、贴近艺术的知识获取方式，为推动艺术行业发展作出了巨大的贡献。

第二节 虚拟美学对艺术创作的启示和影响

虚拟美学技术的崛起不仅改变了传统的美学艺术的表现方式,同时也给艺术创作带来了一些全新的启示和影响。本书将就虚拟美学对艺术创作的启示和影响,从数字化图像、沉浸式体验、多媒体交互等角度进行探讨。

一、数字化图像

虚拟美学是一种通过数字化技术将传统艺术作品转化并呈现的艺术形式。数字化图像技术对于艺术创作的影响和启示显而易见。数字化技术让艺术家们更容易创造出高品质的艺术品。数字化技术的引入,为我们展现了以往画布上没有的元素,同时虚拟作品也极大地方便了艺术家们创作的过程。

数字化技术可以让艺术家们轻松地采集、编辑、处理、存储和复制图像,从而大大提高了艺术品的生产效率和质量。数字化技术可以让艺术家们更容易地获取和整理数据,并对它们进行快速的编辑与转换。数字化技术也大大简化了图像的存储和复制过程。传统的艺术品常常需要精心保存,同时还需通过照片、摄像和扫描等方式进行复制,这一过程需要更加复杂的技术和成本。通过数字化技术,艺术家们可以轻松地进行图片的存储和复制,从而更好地将艺术作品传播到更广泛的受众中。

数字化技术为艺术家们的创作提供了很多新的可能性。数字画面展示的复杂性和可修改性让艺术家们能够轻松地制作出既美观又多样化的作品。传统的艺术品通常是静态的,而数字化技术为艺术家们提供了更多的空间和潜力来探索、创造和分享不同的创作方式。艺术家可以在数字平台中随意地探索色彩、构图、细节和光影等元素,以求达到自己想要的效果。数字技术的运用,同时也让艺术作品呈现多样化,通过运用各类设计手法将作品呈现得更加科技化且生动,细节和质量大大提高,经过修图制作处理后，看上去非常逼真、细腻、唯美。

数字化技术还可以让艺术家们获得先进的图像处理技术，如计算机辅助设计、计算机图形学、人工智能等技术，进一步提高艺术作品的质量。通过数字化技术的协助，艺术家们可以快速高效地将自己的作品进行优化和改进，同时可以运用先进的技术和工具让作品更加具有创造性和吸引力。

总之，数字化图像技术为艺术创作带来了不可或缺的启示和影响。数字化技术的运用，让艺术作品呈现了与传统艺术不同的面貌和表现形式。数字化技术不断地提升着艺术品的创作和展示的形式，并且加快了艺术市场的发展步伐。未来数字化技术的提高，将给艺术行业带来更加广阔的发展前景，也会对传统的艺术产生越来越深远的影响。

二、沉浸式体验

随着科技的不断发展，虚拟现实技术成了一个备受关注的话题。虚拟现实技术可以让观众在虚拟的世界中寻找、发展、学习、游戏和互动。在艺术领域，虚拟现实技术运用得越来越普及，为艺术创作者提供了全新的沉浸式体验。沉浸式体验让观众能够沉浸在一个完全不同于现实的世界中，模拟真实地和艺术作品互动，从而更加深刻地领略艺术的真正意义。

通过虚拟现实技术实现的沉浸式体验，可以更好地引导观众，向人们展现艺术与人类的本质关系，并为观众们留下深刻印象。在传统艺术中，绘画、雕塑等作品的观赏，通常是静态的和表面的。然而，通过虚拟现实技术的应用，观众有机会进入艺术品的内部，以第一人称的方式探索艺术作品的神秘世界。例如，一幅油画可以通过虚拟现实技术实现的沉浸式展示方式来呈现出活生生的画面，观众可以近距离地观察每一笔画的细节，以及感受艺术家背后的想法和意图。

艺术创造领域运用虚拟现实技术激发了观众的想象，通过对视觉和听觉的切入点，使人们能够更深入地理解和感受艺术作品的精髓。虚拟现实技术可以让观众直接参与到作品制作的过程中，并进行各种互动，获得一种全新的、更加深入的艺术体验。例如，利用虚拟现实技术创建的雕塑，可以让观众在虚拟的环境中自由地转动、拍照和互动。这种形式的艺术呈现，不仅可以让观众亲身体验、理解和感受艺术作品的本质，还能够让人们更好地发掘自身的艺术灵感、被启发和触动到。

虚拟现实技术在艺术领域的运用也可以实现更宏大的创作意图。通过虚拟现实技术，艺术家们可以更好地向观众传达自己的思想和情感。这种方式可以极大地拓宽艺术创作方向和形式，使艺术家们创造出更为复杂、深刻和真实的艺术作品，从而获得更高的创造力和影响力。

虚拟现实技术的应用还可以在教育领域中扮演重要的角色。通过虚拟现实技术创造的沉浸式体验可以拓展学生们的教学视野，从而帮助他们更加深入地理解知识和思想。例如，学生们可以通过虚拟现实技术参与到历史事件或实验室的虚拟实践中，并体验到更加丰富、真实的学习经历，从而更加深入地理解知识所蕴含的意义。

总之，虚拟现实技术的应用正在逐渐改变艺术和教育的面貌，并为观众提供更为真实、深刻和丰富的体验。沉浸式的体验，不仅可以让人们更好地理解和体验艺术作品的精髓，也可以让人们大幅地提升对知识、科技、文化等全方位的理解和认知，同时使我们更好地进入和探索更多样化的世界。

三、多媒体交互

随着科技的不断发展，艺术也不再局限于传统的单一媒介。虚拟美学技术的出现，让艺术家们有了更多的创作选择，也使观众能够更深入地理解和欣赏艺术作品。其中，多媒体交互技术是虚拟现实技术中的一个重要组成部分，它将视觉、音频、文字、动画、漫画等多种媒体元素结合在一起，为艺术创作增加了更加多样化的元素，从而创造出更加有趣、有互动性和更直观的艺术作品。

多媒体交互技术可以让艺术作品更加有趣和吸引人。以电影为例，影片中的音乐、音效和图像在视觉、听觉上的完美结合，让观众们可以更好地融入到电影的故事中。这一点在虚拟现实技术中尤为重要。通过多媒体交互技术，观众可以更加深入地体验虚拟现实环境中对于音乐、视觉独特的感受，这种体验也能够让人们感受新的触动，从而升华自我。

多媒体交互技术使艺术作品更具互动性。虚拟现实技术可以让观众更深入地了解艺术作品，使他们能够参与艺术作品的创作和体验。观众可以在虚拟现实环境中对艺术作品进行小规模的调整或定制，也可以根据自己的想法设计出自己独有的视觉、音效、互动体验等。这种互动性不仅可以增加观众与艺术作品之间的沟通，也能够使观众更深入地了解艺术家的创意和思想。

多媒体交互技术使艺术作品更加直观、客观和真实。通过多媒体交互技术，艺术家们可以将他们的想法、创意通过视觉、声音等各个方面的元素来类比呈现，使得观众更加真实地感受到艺术家对于自己作品的想象和创造。与传统艺术作品相比，多媒体交互作品更加直观、真实、精细，也更容易引起观众的共鸣和认同。

多媒体交互技术的应用对于教育教学也具有重要的意义。教育教学的本质是传播知识、技能和智慧。通过多媒体交互技术，教师们可以更加生动、直观和有趣地展示出他们所传授的知识和技能，从而激发学生的学习兴趣和积极性。例如，利用虚拟现实技术，可以模拟实验室、生活场景、历史事件等，使学生在仿真环境中对于相关知识进行积极的学习、实践和交流。

总之，多媒体交互技术的应用，使得艺术作品更加具有多样化、趣味性和互动性。这不仅丰富了观众的艺术感受和体验，也为艺术家和教师提供了更好的工具，推进创作和教学的进程。未来，随着科技的演进和应用，多媒体交互技术也将在更广阔的领域中发挥更加重要的作用，引领着人们探索更美好、更丰富的世界。

第三节 艺术创作中虚拟美学的实践案例

虚拟美学是当今艺术创作中的一个重要主题，它涉及到虚拟现实、计算机图形等技术，以及艺术家对这些技术的创造性运用。本部分将从四个方面介绍虚拟美学在艺术创作中的实践案例：虚拟现实艺术、计算机生成艺术、数字艺术和新媒体艺术。

一、虚拟现实艺术

虚拟现实艺术是指利用虚拟现实技术进行艺术创作的一种方式。艺术家通过虚拟现实设备建立起一个虚拟的环境，让观众在其中感受到身临其境的感觉。虚拟现实艺术所包含的元素可以是视觉、听觉、触觉等多个方面。

（一）实践案例："梅赛德斯-奔驰虚拟现实体验"

梅赛德斯-奔驰汽车公司利用虚拟现实技术在展览会上为观众提供了一种全新的汽车体验。该项目名为"梅赛德斯-奔驰虚拟现实体验"，通过头戴式虚拟现实设备、手柄和座椅反馈技术等，为观众呈现了一种逼真的驾驶体验。观众可以在虚拟现实的汽车内部进行驾驶体验，感受到仿佛真实驾驶的惊险和刺激。

（二）实践案例："虚拟音乐会"

虚拟音乐会是一种利用虚拟现实技术进行音乐表演的艺术形式。通过虚拟现实设备，观众可以欣赏到一个逼真的音乐会场景，并与音乐家进行互动。虚拟音乐会也为音乐家提供了更多的表演方式和创作空间。在日本，有一些企业已经开始为虚拟音乐家打造虚拟形象，举办虚拟音乐会，受到了不少粉丝的追捧。

二、计算机生成艺术

计算机生成艺术是指利用计算机软件和硬件来创作艺术品的一种方式。艺术家可以通过编程语言、计算机算法等技术手段来实现对图像、声音等各种媒介的处理和创作。

（一）实践案例："频率"

"频率"是由英国设计师布伦丹·道斯（Brendan Dawes）创作的一件

计算机艺术品。在寂静的黑暗空间中，艺术家通过特定软件用某种形式将音乐发送出去，音乐的振动打破了寂静黑暗中时间和空间的结构，观看者与动人的频率、视觉的变化产生共鸣。布伦丹·道斯将数据视为另一种可以用来创作的材料，而人类所经历的一切本质上都是某种形式的数据，一切都是数字。艺术家利用这些数字通过不同的表达方式，希望激发更多领域的对话与思辨。

（二）实践案例："花朵"

"花朵"是由乌克兰艺术家金·科根（Gene Kogan）使用 AI 程序创作的生成艺术作品。该程序以文本的形式输入继而生成最终的视觉图像。这个新颖的系统结合了两个强大的机器学习模型 CLIP 和 VQGAN，能够从人类的语言指令中获取信息，生成人们熟悉而逼真的图像。这种新兴技术预示着未来人类能够以语音或文本的形式直接通过语言与计算机交互并掌控计算机。视频作品描绘了花朵无尽循环的绽放，无限地生长出新的花瓣和叶子。

三、数字艺术

数字艺术是指利用数字技术进行创作的一种艺术形式。数字艺术可以涉及多个领域，包括数字绘画、数字摄影、数字雕塑等。

（一）实践案例："每一天：最初的 5000 天"

"每一天：最初的 5000 天"（Everydays：The First 5,000 Days）是一件数字艺术品，由艺术家鲍威尔（Beeple）创作。该作品由一系列数字图像组成，记录了鲍威尔在 5000 天内创作和记录的所有艺术作品。

如果用距离来表达该艺术品的含义，可以说这是一个跨越了时间和空间的旅程。5000 天的时间距离，记录了艺术家的成长和创作历程，可以让人们通过数字艺术品的形式来深入了解鲍威尔的艺术风格和创作思路。而数字艺术品的特点是可以随时随地通过数字平台进行欣赏和交流，这也为来自不同地方的观众提供了一个共同的参与体验。因此，这种跨越时空的数字艺术品,不仅展示了艺术家的创意和才华,也为数字艺术品的发展提供了新的可能性。

(二) 实践案例:"DESERT"

"DESERT"是波兰的数字艺术家马尔钦·斯特鲁尼亚夫斯基(Marcin Struniawski)的一件数字艺术作品,通过数字图像和音频呈现出一次孤独的沙漠之旅。

该作品由一系列独立的数字场景组成,每个场景都与沙漠相关。场景中有陡峭的沙丘、沙漠中的建筑,以及焕发出神秘红光的沙暴。所有场景均以富有变化的颜色和纹路呈现,使观众仿佛置身于一个神秘又美丽的世界。

在这个数字沙漠中,音频也扮演了重要的角色,具体展现了沙漠中只有沙子飞舞和风声的孤独感。音效渐渐融入到场景中,将观众引入一段寂静的旅程。

整个作品的氛围是阴郁的、空灵的,给观众带来深沉和寂静的感受。通过数字艺术和音频的精妙融合,马尔钦·斯特鲁尼亚夫斯基打破了空间和时间的限制,带领观众走进了一个神秘而又美丽的数字沙漠世界。

四、新媒体艺术

新媒体艺术是指利用数字技术、网络技术等新型媒介进行创作的艺术形式。新媒体艺术所包含的元素可以是文字、图像、动画、声音等多个方面。

(一) 实践案例:"成都心跳"

"成都心跳"是知名先锋新媒体艺术家团队分号 C 为成都特别定制的新媒体交互装置。其团队在创作过程中致力于打破数字化艺术的边界性与排他性,让计算机生成的语言不再是冰冷的理性化产物。他们利用计算机生成艺术的无穷变化制作了"成都心跳"这一新媒体交互装置,其以人、城市、光影为设计概念,通过设置在交互装置台上的触摸式心跳脉搏传感器（pulse sensor），将实时心率数据传输到由代码编写的生成视觉中，使观众的心率和代码生成声音画面从而产生交互效果。

每次心跳产生的脉搏波形与其对应的脉冲顶点会实时地影响到生成视觉中的画面元素，系统将画面同时传输到二十个围绕着观众上下起伏的全息圆环上，生成人的心跳艺术图像，伴随着实验电子音乐，让观众看见自我心跳的场域。

（二）实践案例："户外教堂 MAPPING"

《户外教堂 MAPPING》是由法国艺术家扬恩·恩圭马（Yann Nguema）和他的团队安妮玛·勒克斯（Anima Lux）创作的一部户外影像创作作品。该作品是将投影的影像与建筑物的立面相结合，以呈现一个虚幻的想象空间。

具体来说，作品利用了建筑物的纹理、形状以及空间特征等元素，通过投影机将光影效果表现在建筑物的外墙上，形成了一个圆润而通透的立体效果。同时，作品还结合了音乐、声音和动画，使得整个创作变得更加立体化和生动。

这样的户外影像作品在国外并不罕见，而且已经形成了一个相对稳定的艺术流派。它们一方面展示了新媒体艺术的创新理念和技术手段，另一方面也为建筑环境增添了一种别样的美感和魅力。

第五章
CHAPTER 5

中国意象美学视域下虚拟美学的理论分析

第一节 中国意象美学与虚拟美学的契合点

中国意象美学是以意象为核心的美学理论体系,强调视觉艺术作品中情感、意象的表达和传递。而虚拟美学则是以虚拟现实技术为基础,通过计算机、虚拟现实设备等技术手段创造出的虚拟空间中的视觉艺术形式。虽然两者看似迥然不同,但它们并不是完全独立无关的,它们有着一定的契合点,本书将在此展开论述。

一、视觉感知上的契合

视觉感知上的契合是中国意象美学与虚拟美学之间的一个重要契合点。中国意象美学强调的是视觉艺术作品对人的情感影响,注重感性知觉,而虚拟美学则是通过计算机技术手段创造虚拟空间,在其中加入艺术元素,使得虚拟世界具有视觉艺术作品的特质。因此,在视觉感知方面,这两个学科是有很多共同点和交集的。

虚拟美学中的视觉元素主要包括人物、场景、道具等，在虚拟游戏中都是通过视觉方式呈现。这些视觉元素不仅可以吸引玩家的视觉注意，而且可以对玩家产生情感和氛围等方面的影响。对于玩家来说，这些元素都是通过视觉感知而被感知的，所以虚拟美学作品的视觉感知有着群众基础和广泛的影响。

相对应的，中国意象美学强调视觉美学观点，也强调视觉艺术作品对人的情感影响，这就是它和虚拟美学视觉感知的契合点。在中国意象美学的观点中，作品的目的就是要影响人的情感，以视觉产生情感，再以情感汇合视觉，这种情感与视觉相互契合，是中国意象美学比较重要的观点。通过虚拟游戏，玩家可以产生同样的情感体验，例如，在"我的世界"中，玩家可以感受到探索、冒险、成就的愉悦和兴奋，这样的体验就是通过视觉感知而产生的。

另外，在虚拟美学作品中，细节和氛围的表现也可以对玩家的情感产生影响。例如，游戏场景中细节的表现，建筑物的构造、小物件的摆放等，都是可以通过视觉感知而产生情感经验的。虚拟游戏中的细节表现往往是反映了创作者的特定情感选择，通过这样的细节表现，玩家也可以同样产生对这种情感选择的共鸣和感触。

在文艺作品中，氛围几乎是与细节同样重要。通过场景、音乐、角色等元素的营造，创作者可以将某种情境或情感范围内的意象通过视觉传递到玩家的头脑中，引发玩家的情感反应。在虚拟游戏中，这些元素之间的交互同样可以营造出类似场景的氛围。

总之，视觉感知是中国意象美学与虚拟美学契合点之一，虚拟世界的视觉元素同样可以通过视觉感知产生情感和氛围的影响，带给玩家各种情感体验和情境反应，并与中国意象美学追求情感表达的理念相互契合。虚拟美学和中国意象美学在视觉美学层面的集成，表达了不同文化元素之间的融合，展示了新的艺术形式和学科的多元性和交互性。

二、意象表达上的契合

意象表达上的契合是中国意象美学与虚拟美学之间的重要契合点之

一。中国意象美学强调作品中的意象，是指视觉元素、符号、象征和形式等元素所表达的感性主题和意义。虚拟美学中的作品同样具有意象的表达，例如，在虚拟游戏中出现的动物、植物、风景和建筑等，都是通过虚拟现实技术编辑而成的意象实体。

虚拟美学所关注的意象表达并非单纯追求视觉效果和空洞美学，而是通过结合虚拟现实技术和视觉效果，加强与深化意象的表达力。通过虚拟现实技术，能够更好地触摸、表达和呈现虚拟游戏中的意象，这一点与中国意象美学追求意象表达的理念不谋而合。

虚拟美学中的意象表达可以通过多种方式实现。通过虚拟现实技术的编辑修改，将现实和虚拟世界融合成为一个整体，使得虚拟画面中的意象更加具有真实感和立体感。例如，在"我的世界"中，玩家可以在由方块嵌套的层层洞穴中探索，这样的场景能够激发玩家们对于未知领域的好奇心，使玩家产生探险的欲望和冒险的感觉。

虚拟美学中的意象表达还能够通过虚拟游戏的各种元素来实现。例如，在"暗黑破坏神3"这款游戏中，每一个BOSS都对应着一个或多个恶魔的形象，BOSS是玩家打败恶魔的必要条件，至于这些BOSS背后的各种意象元素究竟是何意，都需要在游戏过程中自行发掘。这种类型的游戏中，对于其中隐藏的意象元素的探索，是培养玩家审美能力、增强意象表达力的一种有效方法。

虚拟美学中的意象表达还可以通过细节表达来实现。在虚拟游戏中，细节表达是对意象表达的一种充分表达，如一些情节、场景中的描写和元素，玩家都是通过视觉感知来体验和理解的。例如，"模拟人生"中的所有人物元素，都围绕着生活细节和情感表现，玩家在游戏中可以通过观察和深入探索来发现其中蕴藏的意象和表达。

总之，意象表达是中国意象美学与虚拟美学的契合点之一。虚拟美学的意象表达是通过虚拟现实技术编辑各种元素、细节等方式来实现的，强调的是通过视觉感知来表达意象。而中国意象美学中的意象表达，是通过多种艺术形式和视觉元素来实现的，强调的则是表达出的感性主题和意义。在虚拟美学作品中，意象表达同样是对感性主题和意义的表达，这一点与中国意象美学是相互契合的。虚拟美学和中国意象美学在意象表达上的集成，表达了不同文化元素之间的融合，展示了新的艺术形式和学科的多元性和交互性。

三、文化背景上的契合

文化背景上的契合是中国意象美学与虚拟美学之间的另一个重要契合点。中国意象美学强调中国传统文化对美学的影响和启示，而虚拟美学则在自身的发展历程中，吸收并融合了许多不同文化背景和风格的元素。因此，在虚拟美学作品中，不同文化元素的融合成为重要的现象之一。针对中国文化，进一步研究其与虚拟美学中的契合点，有助于深入挖掘虚拟美学作品中的文化内涵。

首先，在虚拟美学作品中，中国文化的影响广泛存在。中国文化作为世界文化遗产，在虚拟美学作品中也受到了很大的关注。其中，最为明显的体现就是中国风的作品。这些作品以古代中国文化和艺术为蓝本，运用现代技术呈现出来。这些作品不仅在国内受到广泛关注，也在国际上得到了认可。

中国风的虚拟美学作品在视觉呈现上非常鲜明，往往包括了中国古代建筑、传统服饰、古代器具、字画书法等元素，同时也包括了中国传统音乐、戏曲等元素。这些元素经过虚拟技术加工，让人们产生出一种与众不同的文化情感体验。例如，游戏"镇魂街"是一款以中国阴阳道文化为背景的 ARPG 游戏，它所呈现的场景、角色等元素，都具有浓厚的中国文化特色。游戏中有着独特的中国式美学风格，将传统文化与现代技术完美结合，给玩家带来了别样的游戏感受。

在中国风虚拟美学作品的推进过程中，一方面展现出了中国文化的魅力、历史和传承，另一方面也为青年文化交流、传承和创新提供了新的平台。通过这些作品的推广，可以让世界更好地了解中国文化，传承和弘扬中华文明。虚拟美学作品的创作和发展将成为华语文化输出的一个新的方向。

其次，除了中国风的作品，中国传统艺术也是虚拟美学作品中不可或缺的文化元素之一。虚拟美学作品往往将传统的艺术形式引入到现代游戏中，以此提升作品的文化内涵和艺术价值。

中国传统艺术在虚拟美学作品中展现的形式多种多样，例如，游戏"仙剑奇侠传"就是一款以中国传统哲学与文化为主题的角色扮演游戏。这款游戏并不单纯只是游戏，而是将中国传统文化融入到游戏之中，通过艺术的呈现方式，展现了一种深邃的思想和感性的美学。游戏中的中式宫廷、建筑、服饰、道家思想等元素都融合在一起，打造出了有别于西方幻想题材的东方幻想体验。

虚拟美学作品的发展也推动了中国传统艺术的传承和保护。通过这些作品的推广，可以让更多的人了解和认识中国传统文化，同时也为传统文化的发扬和弘扬提供了新的途径和方式。虚拟美学作品的创作和发展不仅是中国文化走向世界的一个重要方向，也是中国文化自身发展和进步的一个新的方向。

最后，除了中国风的作品和传统艺术，武侠、仙侠也是虚拟美学作品中的重要元素。这些元素背后都依托于中国传统文化，包括中国武术的技巧与哲学，以及中国仙侠小说中的奇幻故事情节和人物形象。

在虚拟美学作品中，武侠元素主要表现在人物角色的各种特质和技能之上。游戏中的人物形象可以体现中国武术中伏虎、飞燕等形象，通过表现技能和能力来展现武术之美。这些角色还会用自己独特的武功和哲学来影响和支持游戏剧情的发展。同时，武侠元素可以为游戏增添华丽的打击感和热血的氛围，使玩家在游戏中享受到身临其境的感觉。

仙侠元素则以场景的表现为主，通过展现超凡的空间、时空转换和违反物理规律的奇观来体现。这样的场景不仅让玩家惊叹于想象力的丰富和美感的独特，更能够让玩家感受到中国传统文化中奇妙的超验和玄妙的哲学思想。这种元素的使用还能够帮助文化传承，同时也为现代文化作出独特的贡献。

总之，文化背景上的契合是中国意象美学与虚拟美学之间的另一个契合点。虚拟美学作品已经广泛地融合各种不同的文化背景和风格的元素，其中包括了传统的中国文化元素。虚拟美学作品对于传统文化的引用和吸纳，既弘扬了中国传统文化的文脉，也坚实了虚拟美学作品的文化底蕴。在这种跨文化的中间地带，虚拟美学和中国意象美学达成了深厚的交集和碰撞。虚拟美学作品中中国文化的应用，不仅延续了中国传统文化的内核，还进一步增强了文化交流和融合的力量。

四、美学成就上的契合

美学成就上的契合是中国意象美学与虚拟美学之间的另一个重要契合点。中国意象美学注重作品的美学效果和情感表达，通过形式、色彩、线条等艺术手法表现出作者对于事物的认知和想象；虚拟美学则将现代技术手段运用到美学创造中，通过虚拟现实技术的支持呈现出逼真、震撼、创新等美学感受，同时也要求作品能够在视觉上表达出情感、氛围等因素。

首先，在虚拟美学作品中，逼真的表现效果和独特的艺术形式是其最大的特点之一。虚拟现实技术打破了传统的平面视角，使观众能够身临其境地感受场景，而这种感受不仅来自视觉上的真实感，更多地来自声音、色彩等多重感官的刺激。同样，中国意象美学也强调作品的观感效果，通过形式、色彩、线条等艺术手法表现出作者对于事物的认知和想象。虚拟美学作品与中国意象美学在这一点上的契合是明显的，二者都注重作品的视觉效果和传递，提升观者身临其境的感受。

其次，在美学创造上，虚拟美学作品注重的是创新性和效果性，强调作品在美学上具有创新性和新意。同时，作品的美学效果也是虚拟美学创造的重要目标之一。中国意象美学则注重表现情感和内涵，强调作品能够传递作者的情感以及所表达的主题。作品的美学效果同样是中国意象美学创造中不可或缺的部分。因此，在美学创造的角度上，虚拟美学和中国意象美学的契合点在于二者都注重作品的美学效果，同时强调作品的创新性和传递出的情感内涵。

最后，在美学情感表达上，虚拟美学和中国意象美学同样具有契合点。虚拟美学作品往往需要创作者通过视觉上的各种形式和技巧来表达情感和气氛，使观众产生更加真实的情感体验。同样，中国意象美学也注重作品在观感上的情感效果和传递，通过形式、色彩、线条等艺术手法来表达出作者对于事物的认知和情感体验。因此，在美学情感表达上，虚拟美学和中国意象美学也具有契合点。

总之，美学成就上的契合是中国意象美学与虚拟美学之间的另一个重要契合点。虚拟美学作品和中国意象美学作品在美学成就上具有许多相似之处，包括了作品的美学效果、创新性、情感表达等因素。两者在契合点上的交汇和碰撞，不仅丰富了虚拟美学作品的文化内涵，也拓展了中国意象美学作品的表现手法。同时，对于虚拟美学与中国意象美学概念的深入研究，也为反思传统美学理论体系，构建更加多元的美学体系提供了新的思路。

以上是中国意象美学与虚拟美学契合点的一些分析。虽然二者看似各自为政，然而在实际创作实践中，二者并不是对立的，而是相互影响和共同发展的学科。虚拟美学是一种颇具创新性、开放性的艺术形式，它与中国意象美学在不同层面上有着契合点，这种契合体现出两个学科丰富、多元的交流和融合，为艺术实践和学术研究提供了新的思路和契机。

第二节　基于中国意象美学的虚拟美学理论构建

一、中国意象美学概述

随着数字技术的不断发展和应用，虚拟现实、计算机生成艺术、数字艺术等新型艺术表达方式不断涌现，推动着人类对于艺术的认知和审美观念的转变。其中，虚拟美学作为数字技术和视觉艺术的交汇点，具有无限的可能性。

随着中国文化软实力的不断提升，中国意象美学成为一个备受关注的话题，本章节我们将探讨基于中国意象美学的虚拟美学理论建构。首先，简要介绍什么是中国意象美学及其特点。其次，从空间美学、色彩美学、质感美学三个方面提出基于中国意象美学的虚拟美学理论，并结合具体的实践案例进行分析和说明。

二、什么是中国意象美学

中国意象美学是中国传统文化美学研究的一个重要分支,它深入挖掘和解读了传统文化中的各种元素,包括经典、历史、民俗等,探讨其中蕴含的美学内涵,形成了一套独特的审美体系。随着人们对传统文化的重新认识和审美观念的转变,中国意象美学也呈现出了多方面的特点和发展趋势。

首先,中国意象美学非常注重对形象的理解和感知。中国传统文化中生动而具象的图像往往能够让人产生共鸣,它们可以是自然景观、人物形象、动植物等,也可以是具有象征意义的符号、器物等。在这些形象当中,中国意象美学找到了传统文化内在的精神和审美价值,它通过对这些形象进行分析、阐释和诠释,将图像中所蕴含的美学信息转化为具象的形式,进而引领人们进入审美的境界。

其次,中国意象美学带有浓厚的文化属性。在中国意象美学所涉及的元素中,经典、历史、民俗等方面都扮演着重要的角色。例如,在中国传统画作中,经典中的神仙、历史上的名人等都是常见的表现对象;中国诗歌则常常描绘出各种传统节日和习俗,如中秋、元宵等。它们中蕴含的内涵和符号,往往是中国文化的精髓,同时也上升到了审美的高度,通过对其进行研究和感悟,人们得以进一步领悟传统文化的价值和思想。

再次,中国意象美学强调审美过程中的品位和感性体验。在观看一幅画作或者欣赏一首诗歌时,不仅需要感受其中的美学内涵和文化价值,还需要体验其中表现的情感与意境。中国意象美学认为,审美过程是一种完整的体验,离不开情感投射和审美体验的共情。对这种体验的追求将提升人们的审美品位和理解力,让人们在欣赏艺术作品的同时,更加深刻地体验其中的美和情感。

最后,中国意象美学也具有很强的文化交流和传承作用。通过对传统文化中的各种经典元素进行重新解读和再造,使其符合当代社会的审美需求,进而掀起一股传统文化复兴的潮流。中国意象美学对于传统文化的传承和发扬至关重要,它通过将传统文化与现代审美语境融合,为传统文化注入新的活力和内涵，同时也帮助文化在不断地交流和传承中弘扬。

综上所述，中国意象美学是中国传统文化美学研究的一个重要分支，它从形象、文化、体验等多个层面深入挖掘和解读传统文化中的各种元素，并将其转化为审美经验和当代文化的话语，这是对传统文化的有益传承和发扬，也是一种丰富与多样的审美体验。

三、基于中国意象美学的虚拟美学理论建构

（一）空间美学

空间美学是一个复杂而又广泛的概念，涵盖了从建筑空间到音乐、电影等各种艺术形式的空间体验。在中国传统文化中，空间美学始终扮演着非常核心的角色，例如，民居建筑和园林景观设计都强调空间秩序感和平衡感。如何将这种审美取向运用于虚拟创作中，是一个值得深入探究的问题。

首先，我们需要考虑如何利用虚拟美学理论中的虚拟空间来营造具有历史感和艺术感的景观。以《清明上河图》为例，这幅画通过描绘城市、河流、桥梁和田野等多个元素的复杂环境，展现了一幅典型的中国古代城市景观图。在虚拟美学中，我们可以借鉴这样的空间结构，通过合理布局、透视关系、灯光影响等手段来塑造出具备类似效果的虚拟场景。在这个过程中，设计师需要尽可能地恢复历史建筑的细节，并保证它们与其他结构物产生协调、平衡和有意义的联系，从而营造出一个符合观众审美需求的整体空间形态。

其次，在利用虚拟现实技术进行创作时，我们也要考虑如何将空间概念与现实世界进行连接。通过对虚拟世界与现实世界之间的空间关系进行模拟，观众可以在虚拟场景中进行身临其境的体验，增强观感和情感上的互动和认同，产生更加深入的体验效果。

例如，在一个虚拟城市场景中，当观众向上看时，可能会发现建筑物的纹样无法正确地展现；或者在走近一座大桥时，可能会注意到桥梁两端的悬索和桥面之间的凸出部分，并感受到与真实世界的连接。此时，观众

能够自然地将虚拟空间与现实世界相结合，感知到不同的视角和环境变化所带来的差异，从而产生更加丰富的视觉和情感体验。

综上所述，运用中国传统文化中的空间美学理念，结合虚拟现实技术的创新，可以为虚拟创作注入更加深入的意义和价值，使其能够真正达到与现实世界相符合的程度。而在这个过程中，我们也需要不断地摸索、总结并改进创作方法和技术手段，以满足观众日益增长的审美需求。

（二）色彩美学

色彩美学是人们对于颜色的审美标准和理论，是美学研究中的一个重要分支。在中国传统文化中，色彩运用有着浓厚的文化意义，往往与吉祥如意、财富繁荣等寓意相联系。而在虚拟艺术中，我们可以通过对色彩的运用来表达特定的主题和情感，进一步发掘色彩的内涵和审美价值。

在中国传统文化中，颜色的应用十分丰富。其中，红色代表吉祥如意，在婚礼、生育、节日等场合中经常使用；黄色则代表财富繁荣，在商业、贸易等领域中广泛应用。这些颜色不仅具有文化内涵，更是美学上的符号。例如，在古代建筑中，门框和窗户多为红色，寓意家庭团结和幸福；而金色属于皇室专用颜色，体现了尊贵和权力。

在虚拟艺术中，色彩也是表现特定主题和情感的重要手段。以法国印象派画家莫奈的《印象·日出》为例，他通过对色彩的运用，描绘出日出时刻天空的丰富多彩和灵动的视觉效果。明暗交错、色调变幻等技法使整幅画面更具层次感以及收放自如的节奏感。这种虚拟美学中的审美标准源于对色彩的深入研究和理解，进而发掘出色彩在想象力和情感表达中的潜力。

在虚拟节日场景中，色彩的应用更加重要。不同颜色的组合和运用，可以表达特定节日的意义和氛围。例如，红色和金黄色是中国传统节日喜庆的代表色彩。如果将这两种颜色巧妙地融合在一起，在虚拟场景中呈现出来，就能够传达出新春的气息和祝福的心情。同时，不同的文化背景也会影响对色彩的理解和运用。在西方文化中，圣诞节的颜色为绿色和红色，绿色象征圣诞树和寒冬中的生命力，红色则代表团聚和热情。

总之，色彩美学是虚拟美学中的一项重要内容，其运用对于提高虚拟艺术的审美价值十分关键。通过对色彩的深入探究和实践，我们可以更好地表达特定主题和情感，传达文化内涵和人类情感的复杂性。在虚拟世界中，可以通过颜色的运用来实现更加广阔的想象空间和更加丰富多彩的视觉效果，为人们带来更多美的享受。

（三）质感美学

质感美学是一种源自物理世界的美学概念，它是指物体表面所呈现的材质感觉特性，包括材质的光泽、粗糙度、纹理等。在中国传统文化中，质感美学一直都是一个非常重要的美学概念，许多艺术形式一直都注重材质和质感的重要性。例如，在中国传统书法中，艺术家们注重笔墨的质地和字体的变化；在青铜器中，器物表面的纹理和光泽是一个非常重要的因素。

在虚拟美学中，质感美学也是一个非常重要的概念。我们可以通过运用质感美学的观念，来增强数字艺术作品的真实感和趣味性。例如，在一个虚拟雕塑场景中，我们可以通过精细地调整模型的材质、纹理和颜色，来增强雕塑的生动感和立体感。这样做的好处是，观众可以更加真实地感受到雕塑的材质感，提升观众的艺术体验。在虚拟装置艺术作品中，我们可以利用投影技术等手段，将不同材质的质感呈现在观众面前，创造出独特的视觉效果。这样做的好处是，观众可以更加真实地感受到不同材质的质感，提升观众的艺术体验，同时增强了作品的艺术性和趣味性。

在实际应用中，可以运用一些基础技术来增强作品的质感效果，其中包括材质映射（texture mapping）、细分曲面（subdivision surfaces）、着色（shading）等。当然，在具体应用时，还需要综合考虑作品材质、光照和摄像机等因素，以便实现更加真实和生动的效果。

当今数字媒介正在不断发展壮大，不断涌现出各种新的数码艺术形式。质感美学是一种非常重要的艺术概念，在数字媒介时代，我们可以运用这个概念来增强数字艺术作品的真实感和趣味性。通过细致入微的材质、光影调整和图片处理，我们可以让数字艺术作品有着更多立体丰富的层次感，让人们更加真切地感受到艺术品的存在。质感美学作为艺术的一种表现手段，不仅仅只是静态的概念，还可以被应用到各种交互式的数字媒介中。无论是艺术展览、艺术装置还是数字游戏，质感美学都已成为创作者不可或缺的工具，它们为全新的数字艺术作品带来了更多的灵感和魅力。

第三节　具体案例分析及实证研究

一、北京奥运会开幕式表演

2008 年北京奥运会开幕式是一场震撼人心的视觉盛宴，吸引了全世界数以亿计的观众目光。这次开幕式以中国泱泱大国五千年文化史为主线，将中国传统文化元素与现代科技完美融合，呈现出了一幅关于中国的宏伟画卷，彰显了中国强大的文化自信和创新能力。

开幕式表演的中国意象美可以说是几千年来中国传统文化中独特风景的展示。从开幕前璀璨的十二环绕金钩到开幕式中的五福金龙和火炬传递等，每一处都闪烁着中国文化的火花。这些景象不仅是炫目的美，在其中我们可以看到传统文化的博大精深。特别是在开幕式的精彩表演中，我们看到了中国点石成金的艺术技巧及富有诗意的中国美学。

中国飞天的绘画艺术是中国传统文化中的重要代表，这在开幕式中得到了重大展现。在深邃的月宫设计中，配以苍劲有力的水墨山水画以及唐代李白的"登高壮观天地间，大江茫茫去不还"①的诗歌，真正把我们带入一个神奇的艺术世界。同时，在人类历史最悠久的彩陶发源地陶器山系列行动中，一件件色彩斑斓的陶瓷器，用独特的朱砂文梦语汇聚起中华千年陶瓷文化的印记，演绎了一幅千姿百态的陶器世界。

开幕式中展现的中国传统艺术形式有京剧、广场舞、假面舞、鼓舞等。儒家学说的精髓至善、至美、至象的思想融入到京剧表演中，银装素

---

① （唐）李白：《庐山谣寄卢侍御虚舟》，引自曹寅、彭定求：《全唐诗》，扬州诗局刻本 1706 年版。

裏的川剧脸谱熠熠生辉，山东秧歌激情跳跃，胡旋直抒胸臆，四川竹竿舞威武庄重，它们是中国文化的精髓。

从色彩到音乐，从舞蹈到技艺，中国文化的各个方面都在开幕式中得到精彩体现。开幕式的细节精致，每一笔画、每一个音符、每一个细节都是深思熟虑，都蕴含着中华文化独特的思想和智慧。

总之，北京奥运会开幕式表演的中国意象美是难以超越的，它体现了中国传统文化的深邃内涵和创新性，既有古老的传统，也有现代的创新，以最优美的形式向世界展现了中华文化的独特魅力。开幕式中的中国意象美值得我们去反复品味，以期能深入理解中华文化的博大精深。

二、电影《哪吒》

电影《哪吒》是一部讲述中国文化中神仙、妖怪、魔法和英雄的故事。影片不仅展现了中国传统文化中独特的艺术风格，同时也代表着中国动画电影工业的高水准。在电影中，我们可以看到种种符号、故事、渲染、画面、人物等元素，它们汇聚成了令人难忘的中国意象美。

首先，电影中对中国神话中常见的神仙、妖怪、精灵、龙、凤、麒麟等图像进行了生动的再现。令人印象深刻的是哪吒、杨戬、三太子、夜叉、金吒等人物形象纷呈。在中国民间传说中，哪吒是神话传说中的一位保卫家族的神祇，而影片则把他塑造成个性鲜明、有思想的英雄形象。电影中的哪吒，穿着带有中国纹饰的服装，脚踏风火轮，拿着光芒万丈的火尖枪，这一系列形象都保留了中国传统文化中神话英雄的特点和形象。

其次，电影中的美术风格表达了中国文化特有的写意和水墨画元素。影片为观众呈现了一幅充满中国气息的画面，整个电影的场景、人物造型和色彩都是充满了中国文化元素。一些紫、红、金、黑等主色调如水墨画般质感强烈。这些色调一来就让观众感到阵阵凉意，仿佛到了一个鬼话的世界中。画面上的构图更是宏伟，塑造出令人屏息的感觉。

而在电影中公孙离、太乙真人等角色的造型上，还借鉴了中国古代的服饰和装饰品，细致入微的刻画是自然张扬着中国传统文化的历程感。

最后，在电影中对中国传统文化中的重要概念进行了阐述和思考。影片中对天、地、鬼神、德行、命运、轮回等概念或生动展现，或诉诸到情爱格局中，全方位塑造了许多历程深刻、具有现实意义和深度的刻画，让观众看到了中国传统文化的"深邃"。

总之，电影《哪吒》中的中国意象美是与中国神话传说、文化艺术、文学史等中国传统文化紧密联系在一起的。影片从视觉艺术到情感深度，从人物塑造到功能构图，都表现出了中国美的深沉内涵和博大情怀，展现了目前中国动画电影工业的成熟与发展。这些都让电影《哪吒》成为一部令人难忘的中国文化的代表作品。

三、游戏《问道》

《问道》是一款以中国传统文化和哲学思想为基础的网络游戏，游戏中的场景、角色、任务、音乐等元素都充满了中国风格的美感。它融合了道教、佛教、儒家、民间传说等多种元素，让玩家在游戏中感受到浓郁的中国意象美。在游戏的各个方面中，我们可以发现众多独特的中国式美感，这些元素合在一起，就形成了非常新颖、有趣且充满文化魅力的游戏，它既有现代化的要素，又保留着中国传统文化的独特风情。

首先，游戏中的场景和建筑展现了中国传统建筑风格和丰富的文化内涵。在游戏中，我们可以看到经典的中国庙宇、古镇、小船、亭台楼阁等充满中国特色的场景。这些场景不仅让玩家感受到古代中国的气息，同时也让人们领略到传统文化所具有的丰富内涵。在这些建筑物里，排列着古色古香的石狮、青瓦红墙的屋檐和金碧辉煌的佛寺塔庙，其造型和构思都非常的中式。整个场景充满了中国文化的韵味，为玩家带来了奇妙的游戏体验。

其次，游戏中的音乐和音效传达了中国传统音乐的独特美感。在《问道》的游戏世界中，每个地图都有精美的音效和音乐。背景音乐充分体现出了中国传统音乐的特点，曲调柔和且别有意境，带有醇厚的乐器和咏叹词语。特别是当玩家进入某个寺庙或道场时，室内的音乐会让你领略到紧张刺激的感觉，身处其中，令人感到十分的惬意。

再次，《问道》中的人物形象和故事情节也彰显着中国文化的魅力。

游戏中客串了众多中国神话中的文化名人和神仙，诸如孔子、华佗、女娲、嫦娥、玉皇大帝、观音菩萨等，他们都是中国文化中非常有代表性的人物。游戏中的玩家成为一个修士，按照修炼的阶段分，分为人、神、仙、圣四个层次。这样的神话构思为游戏增加了更多的神秘、跨越及多元的要素。每个玩家在游戏中充满责任，任务艰巨但收获丰盈，这些事情都让游戏更加有吸引力和挑战性。

最后，游戏中的文化和哲学思想值得人们深入探讨。游戏中贯穿了许多儒家、佛教和道家的哲学思想，教导人们走正道、善待他人、谦虚谦让等。同时，也强调了和谐平衡、人与自然、道德建设等重要的文化内涵。总体来说，《问道》注重呈现传统文化中对和谐世界的追求，并在游戏中融入了许多文化观念，为玩家呈现了一个非常有内涵的中国意象美游戏世界。

总之，《问道》作为一款中国风格的网络游戏，不仅仅是一款玩乐工具，同时也是一个展现中国文化内涵、传统风格和价值观的文化载体。为了让玩家在游戏中深度感受和培养中国道德价值观、人文素养、文化自信心，《问道》全力打造了中国文化之美，让游戏成为一道中国式的"美味大餐"。

四、苏州园林

苏州是中国园林之乡，因其独特的自然环境和人文积淀，拥有许多著名的园林。苏州园林以其精美、秀丽、轻盈、清幽的园林风格，吸引了众多国内外游客的青睐。它们体现了丰富的文化内涵和浓郁的中国意象美。这里主要介绍一下苏州园林中的中国意象美。

苏州园林重视风景的多端变化，通过刻意的设计来打破单调、纯朴的色彩，注重景色的意境美。走入园林，可以看到代表性的游廊、人行道和桥梁等设施。曲径通幽的方案，小桥流水、池塘假山和植被丰富的花园都为游客营造了一个有关生态美和自然美的世界。可以说，这些细节中的色彩、形象变化和色调变化都是具有中国美学特色的。它为人们提供了一种美感和情感的充足表现方式，让人们在赏遍千境的同时慢慢品味，思考中华文化的多彩面貌。

　　苏州园林的设计遵循着"一园一景"的设计理念和"物以类聚"的格局构造。在苏州园林中，能够看到各类神话故事、民间传说的艺术化形象和人物。它们与自然环境结合在一起，植于园林风景中，体现了中国人神合一的文化内涵。动植物、山水、雕塑都以丰富的形式演绎着中国文化的人与自然理念。

　　另外，苏州园林中的建筑群体营造了一个充满人文情怀的园林文化。苏州古城里有很多代表性园林，这些园林各具特色，却又互为呼应。枯山水配以建筑，假山配以草木，人类建构配以自然宏伟形象，点滴细节和古色古香的古亭让人仿佛来到过往历史情境，似乎身临其境，与历史感受相映生辉。

　　苏州园林中的绝大多数建筑物和构造都是由大量手工制造而成的。苏州园林之所以能够保持这些精美纷呈的建筑，是因为它有着千百年来不断传承且完好无缺的自然建筑技术和精湛工艺。这些技术和工艺一直延续到现在，为园林注入了新的灵魂和气息。

　　同时，苏州园林注重贯彻中国古典文化中的精神。园林建筑融合了文化信仰和人文情感，强调了人、自然、艺术和传统文化之间的辩证关系，以这些精神为基础，展现了苏州园林的不断变化和创造。园林通过空间布局的优美和流水飞瀑的声音，吸引人们触摸到生命的美好，感悟到自然中的道理和人生的内涵。

　　苏州园林是中国意象美的勃发之地。它将中国传统建筑、文化和自然环境完美地结合在了一起。这座苏州古城与其典雅的园林和精致的文化元素不仅在亚洲地区以及世界各地都受到了越来越多的关注，而且也吸引了众多文化爱好者和学者的到来，研究这些古老的建筑和文化，深入领略其中所蕴含的中国意象美和文化魅力。

五、电影《英雄》

　　电影《英雄》在影片的诞生之初就备受瞩目，不仅因为它是一部真正的商业大片，还因为该片是一部独具魅力并代表了中国意象美的电影佳作。这部电影的一道风景画面引领了文化和美学的变革,完美地展现了中国意象美中的文化精神和精神内涵。

《英雄》展现了中国传统色彩和文化传统的独特魅力。电影采用了瑰丽的配色方案,用红、白、黑、绿和金色等深受中国文化影响的颜色组合出独特的中国传统调色板。这些色彩和中国文化传统相结合,如画一样的图案,既表现了中国传统文化和早期历史,也在观众心中留下了深刻的印象。

影片中的无名和秦王在大殿上的对话情景,充分展示了中国古代文化的内敛和威严。在这样的情景下,英雄们出现在屏幕上,他们以独特的机智和决心,向秦王展现了令人印象深刻的智慧和决心。同时,影片中的儒家思想也为人所津津乐道。导演用景深来展示人物内心、儒家思想的内涵和强韧性,这样的表现给影片带来了沉稳、内涵和高贵的气质。

《英雄》中的人物性格和情感表达是它达到中国意象美巅峰的重要因素之一。电影中无名、长空、残剑、飞雪等主要角色,均被赋予独特的性格和人物情感,这种人物塑造既展现了中国古代文化中的精神气质,也借鉴了现代电影的表现手法。导演借助服装、表情、肢体语言和对话等各种手段,刻画了人物之间复杂的情感关系,将主要人物的情感分化组合成了整个故事的主线和支线。而这些情感和人物构成了影片的真实感、史诗感和神秘感。当看到这部电影时,观众体会到的不仅是中国古装的优美与细腻,而且更是英雄们细致的心理表达。

电影《英雄》中,无名和长空的绝对镜头展现了中国意象美的极致表现。这些绝对镜头让电影更具深度、美学价值和重要性。

首先,无名和长空在电影中代表了不同的价值观和信仰,这种对比加深了观众对中国传统文化中"两面性"的理解。无名代表的是秦朝的永恒统治,他的使命是杀死三国英雄并保护王。无名的目的是实现自己的社会地位和独立,而他的信仰是儒家思想,通过道德、礼仪和规范来实现他的目标。相反,长空代表着自由和个人权利,他的价值观是基于武士道(武侠信仰)的自由、独立和反叛。在电影中,观众可以看到无名的宽大与长空水晶般的眼神,二者完美地展现了文化传统和现代意识的博弈。

其次,绝对镜头也让观众可以真正深入领会电影中的情感和思想内涵，这进一步加深了观众对中国文化的理解。好的绝对镜头能够观察他们情感与思想的交流，以及内心的矛盾与挣扎。这些情节在电影中的一些戏剧性场景中以更加直观和强烈的方式呈现出来，例如，当长空用武器捅穿墙壁向无名发起攻击时，绝对镜头随之展现了长空的内心矛盾、挣扎和彷徨。这样的绝对镜头让观众感受到电影中情感的高潮和思考的深度，也彰显了中国文化的情感深刻和人性的理性思考。

最后，绝对镜头的运用也突出了电影《英雄》的视觉美和惊艳程度，这体现了中国意象美的独特魅力。电影中环境、角色、动作等各个方面都已被精心设计。首先环境本身就是在经典的中国古建筑中，围棋、古琴、雨滴、老者这些都是精心布置的元素，其次无名和长空的服装、兵器以及动作设计等也都进行了精心的设计。通过绝对镜头的应用，观众可以看到电影中纷繁复杂的肢体语言和动态画面的美，这强烈地传达了中国文化中的观念和价值。当然，绝对镜头的伟大之处在于其提高了电影通过视觉表达思想的能力，通过电影表达情感，探索人性的深度和复杂性，以及世界中的意义。

所以，《英雄》完美地展现了中国意象美的魅力。它通过中国传统文化的元素、中国传统色彩的运用以及人物性格和情感表达等方面的完美展现，展示了中国精神的本质和优美。通过对电影中的中华文化的深刻描绘，其体现了中国所特有的内心内容、文化特征和美学思想，吸引了国内外观众的喜爱。电影《英雄》的成功使得中国符号美学赢得国际平台，并且在传统的中华文化中重新焕发生机，为中国电影奠定了强大的艺术基础。

综上所述，基于中国意象美学的虚拟美学理论构建，可以为虚拟艺术创作提供新的思路和参考。空间美学、色彩美学和质感美学是其中重要的构成部分，通过对这些美学原则的应用和运用，可以创造出具有丰富内涵和时代感的数字艺术作品。同时，我们也需要注意，在将中国意象美学融入虚拟艺术创作中时，要注重文化传承和创新发展的平衡，打造出既具有中国传统文化特色，又具备国际视野和现代感的作品。

第六章
CHAPTER 6

虚拟现实技术与美学创新

第一节　虚拟现实技术的发展历程和应用领域

虚拟现实（VR）技术是一种将人与计算机生成的虚拟环境一同沉浸在其中的技术，其不断发展和创新已经引领了多个行业的变革。虚拟现实的出现让人们的感官体验变得更加真实，也为人们提供了新的工作方式和娱乐方式。在本章中，我们将讨论虚拟现实技术的发展历程和应用领域。

一、虚拟现实技术的发展历程

虚拟现实技术的发展历程可以追溯到20世纪60年代，那时，美国空军在太空舱和飞行模拟器中使用了一种叫作头戴式显示器的装备，这是一个能够提供三维图像的设备，可以让人看到虚拟的环境。到了70年代初，虚拟现实技术开始迈向商业化，50多家公司开始生产虚拟现实设备，包括头戴式和手柄控制器。1985年，VPL Research公司使用了一种叫作"虚拟数据手套"的设备，使用户可以在虚拟世界中使用手势进行控制。1989年，乔治·卢卡斯的公司采用了虚拟预览技术，以便在电影制作中更方便地使用。

1995~2005年，虚拟现实技术经历了一段低谷期。虽然部分公司继续致力于虚拟现实技术的研发，但是技术和硬件的限制使得其难以普及。

随着21世纪的到来，虚拟现实技术逐渐开始得到重视。2009年，美国的Oculus VR公司推出了第一代头戴式虚拟现实设备"Oculus Rift"。此后，各大科技公司相继推出了自己的虚拟现实产品，这使得虚拟现实技术的普及得到了更有效地推动。

二、虚拟现实技术的应用领域

（一）游戏和娱乐领域

虚拟现实（VR）技术是一项越来越受重视的技术，它将用户带入虚拟世界，让用户沉浸在其中以体验全新的环境和交互方式。最初，虚拟现实技术主要应用于游戏和娱乐领域，为人们带来更加真实和令人兴奋的游戏体验。随着技术的不断进步，虚拟现实技术已经开始在各个领域发挥作用，包括文化、教育、医疗、军事及企业等。本章我们将重点探讨虚拟现实技术在游戏和娱乐领域的应用。

虚拟现实游戏是最早将虚拟现实技术应用于游戏领域的，它将用户带入游戏世界，让用户可以真正地互动和探索。虚拟现实设备可以复制现实环境并将用户置于其中，通过遥控器或控制器进行互动，增加了游戏的可玩性和沉浸感。例如，用户可以使用手柄来控制角色的移动和互动，可以与其他玩家互动，甚至可以通过虚拟现实设备来模拟交通工具的驾驶，如飞行模拟器、汽车模拟器等。

虚拟现实游戏的好处在于它可以提供前所未有的游戏体验，将用户带入游戏世界，并让他们在游戏环境中和其他玩家互动，让他们感受到更加真实的游戏体验，例如，利用VR眼镜来模拟实际场景，让玩家亲身体验到恐怖、乐趣、挑战等感受。虚拟现实游戏也可以帮助玩家更好地思考和解决问题，提高他们的游戏技能和反应能力，加强团队协作和沟通。例如，利用虚拟现实技术破解谜题，模拟战斗或合作任务。因此，虚拟现实游戏不仅是一种娱乐方式，还可以帮助人们进行学习和训练。

除了游戏以外，虚拟现实技术还可以应用于电影、电视和音乐等艺术领域。虚拟现实技术可以为公众提供前所未有的电影观影体验，影迷可以身临其境地进入电影情节，而不是仅仅坐在座位上看着屏幕。也可以将演唱会体验上升到一个全新的层次，通过虚拟现实技术实现 live 的现场体验，人们可以跟着歌星一起跳舞一起唱歌，无论是从陪伴半个世纪的传奇摇滚明星还是小清新新晋流行歌手都拥有了非常创意的场景设计，让观众的身临其境之感更加强烈。虚拟现实技术使人们能够全身投入，在创造性的现场环境中创造自己的世界，这无疑塑造了未来的电影和音乐体验，极为令人兴奋。

在娱乐方面，虚拟现实还可以用于模拟现实环境，如汽车驾驶模拟器和飞行模拟器，它们可以帮助人们进行汽车驾驶和飞行训练，这样可以减少事故发生，降低训练成本。虚拟现实技术还可以用于主题公园和其他娱乐活动，为玩家提供更加刺激和有趣的体验。例如，某一国外主题公园采用虚拟现实技术用神奇动物园的主题打造了一款 VR 游戏，一些神奇的生物会向玩家扑过来让游戏更加有趣，玩家通过进入虚拟现实游戏世界来与神奇的生物互动。

总之，虚拟现实技术已经在游戏和娱乐领域创造了很多令人兴奋的应用和体验，它不仅可以给人们带来更加真实的游戏体验，还可以为人们提供具有教育意义的体验。虚拟现实技术在未来将会有更多的应用，我们期待在这个领域看到更多的发明和创造，让世界更加沉浸、有趣。

（二）教育和培训

虚拟现实技术近年来开始应用于教育和培训领域，为学生和员工提供了一系列无法在现实世界中获得的经验和机会。虚拟现实技术通过将用户带入模拟环境中，使用户可以不受时间和地点限制，随时随地进行学习和培训。本部分将详细介绍虚拟现实技术在教育和培训领域的应用及其优点。

虚拟现实技术在医疗领域的应用十分重要。医疗工作者可以使用虚拟现实技术进行手术模拟，在虚拟环境中模拟真实情况，让医生可以进行手术前的实战演练,从而在实际手术中熟练掌握技能,减少手术失误风险。通过虚拟环境,医生可以模拟各种复杂的手术和治疗过程,提高医疗工作者的技能和经验水平,并最大限度保障患者的安全。

同样,在教育培训领域,虚拟现实技术也起到了至关重要的作用。为学生提供更加直观的学习方式,可以让知识更好地被传播和吸收。虚拟现实技术可以帮助学生更好地理解抽象概念,如物理学和生物学中的一些难以理解的理论。通过虚拟现实技术,学生可以亲身体验一些现象和实验,甚至进入虚拟实验室进行实验,提高实验过程中的安全性和可重复性。

除了医疗和教育,虚拟现实技术还可以用于火灾救援和军事训练等领域。例如,火灾救援队员可以通过虚拟现实技术模拟火灾现场,熟悉救援过程,提高反应速度和救援效率。军事部队可以使用虚拟现实技术进行实战演练,通过虚拟环境,士兵可以模拟战斗过程,熟悉各种武器和战术,并在实际战斗中更加从容地应对各种情况。

正如上述实例,虚拟现实技术可以将用户带入各种真实和虚拟的环境中,为学生和员工提供非常实用且熟悉的体验。通过虚拟现实技术模拟实际环境,学生和员工可以学习和获取各种实用的知识和技能,使得他们在实际工作或者生活中能够更有信心和经验。

同时,虚拟现实技术也提供了一些传统教育和培训方式无法提供的内容。例如,虚拟现实技术提供了一种可重复和安全的环境,学生和员工可以在不同的环境中进行模拟演练,从而缓解现实中可能面临的危险和风险。虚拟现实技术还可以为用户提供更好的自主学习方式,用户可以在不由老师或领导控制的环境中进行实践和探索,从而有更好的自主性和主动性,积极地参与到学习和培训过程中。

总之,虚拟现实技术在教育和培训领域的应用是十分广泛的,它为学生和员工提供了前所未有的学习和培训经验。虚拟环境提供了一种安全的模拟环境,让学习者和从业人员可以在其中学习和实验,增强他们的技能和信心,并在实际工作或生活中提供有用的指导和参考。因此,虚拟现实技术在未来将会有更多的应用,相信它将产生更加广泛和积极的影响,并将使人们的学习和培训更加高效,更加安全。

（三）建筑和设计

近年来，随着虚拟现实技术的不断发展，建筑和设计领域也开始广泛应用这项技术。建筑师和室内设计师可以使用虚拟现实技术来模拟和可视化他们的设计方案，提高他们的设计水平和效率。本部分将详细介绍虚拟现实技术在建筑和设计领域的应用及其优点。

虚拟现实技术的应用可以帮助建筑师和室内设计师更好地理解他们的设计方案，同时也可以帮助客户更好地理解设计方案。其中，建筑师可以使用虚拟现实技术来创建建筑模型，从而更好地模拟细节和透视。他们可以使用全息投影技术来制作三维建筑模型，并在虚拟环境中进行漫游，深入了解空间和其他方面的细节。这可以帮助他们更好地了解建筑的结构和透视关系。

在室内设计方面，室内设计师可以使用虚拟现实技术来模拟不同的设计方案，并在不同的角度和灯光条件下查看模型，以获得清晰的视角。室内设计师可以创建三维模型，包括家具、墙面和地板，以便在虚拟环境中实时操作。这种实时操作方式使设计师有了更高的自主性，更容易尝试不同的设计方案，并决定哪种方案最优。

在景观设计方面，虚拟现实技术也可以提供有力帮助。景观规划师可以利用虚拟现实技术创建三维景观模型，并模拟不同季节的不同景色，以便在更大范围的环境下进行设计。此外，景观规划师还可以在虚拟环境中测试不同的植物组合和布局方案，以确定最终的设计方案。

虚拟现实技术可以为建筑和设计领域带来以下优点。

（1）可视化设计方案。虚拟现实技术提供了一种直观可视化的方式来展现建筑和室内设计方案，使得设计师和客户都能更好地理解他们的创造。

（2）优化设计。虚拟现实技术可以提供立体、动态和可交互的虚拟环境，使得建筑和室内设计师能够更好地进行创造性决策和实验，从而优化他们的设计方案。这既能帮助设计师发现和解决设计缺陷，还能提高设计效率和质量。

（3）降低成本。在建筑和设计过程中，若在早期阶段能够发现并解决问题，可以有效降低后期的成本，避免浪费大量资源。

（4）节省时间。虚拟环境提供了高度灵活性和实时操作，使得设计师可以更快地进行实验和创造。

（5）提升客户满意度。通过虚拟现实技术，客户可以更好地理解设计方案，减少沟通误差，提高客户满意度。

总之，虚拟现实技术在建筑和设计领域的应用是十分广泛的，可以为建筑师、室内设计师和景观设计师提供大量的帮助。这项技术提供了一种创造而实用的方式来探索和实验各种设计方案，并为设计师和客户提供更深层次的理解和交流。据此可以看出，虚拟现实技术在未来还将会有更多的应用，并扮演着重要的角色，带来更高效、创新和智慧的设计。

（四）旅游和体育

随着虚拟现实技术的发展，旅游和体育领域也面临重大的变革和创新。虚拟现实技术已经开始影响游客的旅游体验和体育活动的观赏质量，为旅游业和体育行业带来更多的机会和挑战。

旅游业是一个蓬勃发展的行业，吸引了大量的游客和游客投资者。虚拟现实技术的出现，使得旅游业更具互动性和现实感，进一步深化了游客对旅游目的地的认识和理解，这有助于旅游业更好地吸引旅游者，提高游客的满意度。

虚拟现实技术可以为旅游者提供一种全新的旅游体验。游客可以像亲身体验一样使用虚拟现实技术，达到更深入的旅游理解。例如，游客可以通过虚拟实境技术，亲身感受到不同国家和地区的风俗文化、历史文化和自然景观。这些虚拟实景可以让人们更加身临其境地参观古迹和景点，同时也可以更深入地了解当地的历史和文化。

为了吸引更多的游客，越来越多的旅游景点已经开始使用虚拟现实技术来提供丰富的旅游体验。因为这样的体验往往比传统的参观方式更具吸引力，游客们可以自由探索和互动。这样的旅游体验模式不仅可以为游客带来新奇和独特的体验，更可以为旅游业创造更多的利润。

虚拟现实技术也已经逐渐应用于体育赛事中。虚拟现实技术可以为观众提供更加身临其境的赛事观赛体验，带来更加真实的观赛感受。特别是在欧美等地区的体育赛事中，虚拟现实技术已经成为广泛和普遍的应用。通过虚拟现实技术，观众可以在电视或其他终端上，以全息投影形式观看比赛和追逐，获得更为真实和动态的观看体验。

虚拟现实技术还可以为体育运动员和专业运动员的训练和竞技提供帮助。这项技术可以模拟一系列复杂和高度复杂的运动动作，帮助训练和磨练运动员们的技能和体能。利用虚拟现实技术，运动员们可以在现实世界之外进行高强度的训练，充分发挥他们的潜能和水平。由此产生的效果也是非常好的，运动员们可以通过更为高效和全面的体育训练，提高他们的竞技水平，从而获得更好的比赛成绩。

从促进旅游发展，到增强体育竞技水平，虚拟现实技术都在为旅游和体育领域的发展努力着。除此之外，虚拟现实技术引发了持续的创新和发展动力，包括通过智能技术、区块链技术等新型科技的创新和应用，虚拟现实技术能够让体育运动更精彩，让旅游行业更创新，这有助于满足未来用户对于高品质旅游和生活质量的不断需求，显著提升整个旅游和体育领域的匠心创新水平和行业竞争力。

（五）社交和交流

随着虚拟现实技术的不断发展，社交和交流的方式也在不断变革和创新。虚拟现实技术为社交和交流带来了新的可能性，人们可以在虚拟现实世界中与他人进行真实、互动和生动的交流。

虚拟现实技术可以通过建立虚拟现实社交平台的形式，帮助人们打破距离、时间和语言的限制，与世界上的任何人进行互动。这种社交平台的优势在于它可以提供更加真实的社交体验，模拟真实世界中的人际交往和群体活动。

虚拟现实社交平台可以在提供真实感的同时，也带来更高的社交自由度，使人们可以创造和参与独特的社交体验。虚拟现实技术可以模拟真实的社交场景和环境，进一步提高社交活动的真实感。

虚拟现实社交平台为人们提供了与他人互动的机会，这种互动可以是语音、视频或直接的虚拟互动。例如，通过虚拟社交平台，人们可以像聚会一样在虚拟场景中聊天、玩游戏、共同玩乐和参加听课，这给予用户新的社交体验。

与此同时，虚拟现实技术还能够为面对面交流提供支持和帮助。由于虚拟现实技术可以模拟现实场景和环境，所以虚拟现实技术可以实时生成同样的场景和环境，即使物理上不在同一地点。在虚拟环境中，人们可以像面对面一样交流，并获得更加自然、直接和生动的交流体验。

虚拟现实技术还可以通过模拟交流场景，提高人们的交流技能和能力。例如，在虚拟社交平台上，使用者可以跟其他使用者互动，享受虚拟交往的过程，获取更多社交经验和技能。这些虚拟环境可以帮助人们轻松练习交流技能和培养良好的交流习惯。

虚拟现实技术的发展使人们能够在虚拟现实社交平台中互动，虚拟现实技术的发展变革了人们的社交体验和交流方式，提高了人们的社交自由度和交流效率。因此，虚拟现实技术的引入将对社交和交流产生长远和重要的影响，未来虚拟现实技术有望在社交和交流领域成为常见的工具。

第二节　虚拟现实技术对美学创新的重要性

随着虚拟现实技术的不断发展，它已经逐渐成为一项应用广泛、受到广泛关注的技术，在不同领域得到了广泛的应用。其实，虚拟现实技术不仅可以用于游戏和体验领域，而且在众多领域都可以发挥作用，尤其是在美学领域。

美学是研究被视为美的现象的学问。它不仅涉及文学、艺术和音乐等传统的领域，而且还延伸到建筑、设计和电影等不同领域。美学创新可以通过虚拟现实技术来完成，从而创造出更具想象力、更具创新性和更加沉浸式的美学体验，打破传统美学传承模式的限制。本章节将探讨虚拟现实技术对美学创新的重要性，并介绍虚拟现实技术在美学创新方面的具体应用。

一、虚拟现实技术对美学创新的重要性

（一）打破传统美学模式的限制

传统美学模式长期以来一直是我们对美的理解和表达的主要模式，它建立在人类的感官器官和对真实世界的认知之上。然而，这种模式的限制在于它不能触及到那些不受感官器官及客观事物的限制的世界。而虚拟现实技术通过打破传统美学模式的限制，为我们创造了更加开放和自由的美学空间，并让美学成为一种更加广泛和深刻的体验。

虚拟现实技术能够创造出更加真实的体验，这也是它能够打破传统美学模式的原因之一。虚拟现实环境中的画面更加逼真，用户可以直接参与到虚拟环境中，与虚拟对象互动，这让我们可以更加直观地创造美学作品。此外，虚拟现实技术还能让用户在创造或欣赏美学作品的过程中真正地融入进去，而不是像以往那样只是一种被动的欣赏体验。用户可以通过简单的手势、语言或控制器进行互动，从而创造出更鲜活和直观的体验。

虚拟现实技术还能够让我们在美学传承方面得到更好的延续。随着时间的推移和时代的变迁，不同的时代和文化对美学的理解和表达也在不断地改变。虚拟现实技术可以让人们在创造美学作品的过程中更好地体现这种传承和延续，使美学作品在各种文化和时代背景下都能够有所发展和创新。虚拟现实技术还能让我们以一种更加开放和自由的方式去探究美学和艺术的本质，这也为美学研究带来了更大的开拓性和创造性。

虚拟现实技术还能让我们摆脱传统美学模式的约束，通过探索人类的无限想象力和创造力，创造出更加丰富多样的美学体验和作品。虚拟现实技术可以让我们在创造和欣赏美学作品的过程中摆脱空间和时间的限制，让我们能够更加自由地创造和探索。虚拟现实技术可以让人们以一种更加自由和开放的方式去看待世界，去创造美学，这也考验着我们的想象力和创作能力。

虚拟现实技术正是在这种背景下涌现出来的，它为我们提供了一种更加自由和开放的美学创作和体验方式，让我们可以在创造和欣赏美学作品

的过程中更加直观地理解和感受美的本质。在虚拟现实技术的引领下，我们可以打破传统美学模式的限制，创造出更加优秀和丰富的美学作品，同时也让美学成为一种更加广泛和深刻的体验。

（二）实现想象与现实的完美融合

随着计算机技术和虚拟现实技术的不断发展，我们已经能够实现想象与现实的完美融合。传统的美学作品通常都是基于真实世界的场景、物品和人物进行创作，而虚拟现实技术则可以帮助我们创造出真实世界无法实现的美学作品。虚拟环境中我们可以实现难以想象的场景和物品，这为我们创作出全新的美学体验和作品打开了大门。

虚拟现实技术可以创造出零重力环境，这是现实世界无法实现的。我们可以在虚拟环境中模拟出宇宙的无重力环境，让用户在其中体验飞行的自由和刺激，让人们能够更加直观地感受到宇宙的无限魅力。此外，虚拟现实技术还可以模拟出各种对人类来说难以获得的环境，如深海、外太空等，这些场景也能用来创作美学作品，让人们能更加真实地体验生活中所没有的美妙事物。

虚拟现实技术还可以创造出各种生物、设施和场景等元素。在虚拟环境中，我们可以让想象中的生物、设施和场景等变为现实，从而呈现出一种全新的艺术表现形式。例如，我们可以创造出一种全新的动物，它可能是由原本的动植物混合而成的，这样的创作方式是在现实世界中无法实现的。再如，我们可以创造出一座魔幻的城堡、一条时光隧道等，这些也都是现实世界无法实现的。

虚拟现实技术还可以让我们的创意更加具有想象力和超现实等美感特征。传统的美学作品通常都是基于现实世界的经验和观察而进行的创作，而虚拟现实技术则可以打破这种限制，让我们在创作中有更多的创造空间，让作品更加具有想象力和超现实的特征。这种新的美学体验和表现方式让我们能够更加自由地发挥想象力，创作出更加精彩的作品。

总的来说，虚拟现实技术已经让我们可以实现想象与现实的完美融合。虚拟环境中我们可以实现难以想象的场景和物品，创造出全新的美学体验和作品。同时，虚拟现实技术也让我们的创意更加具有想象力和超现实等美感特征，这让我们在美学创作中有更多自由和探索的空间。虚拟现实技术的发展大大拓宽了美的表达和艺术的创作空间，也让我们能够更加直观地体验美的本质和美的影响。

（三）创造出更加沉浸式的美学体验

随着虚拟现实技术的不断发展，我们已经可以创造出更加沉浸式的美学体验，虚拟现实技术打破了传统的沉浸式体验的局限性，让人们能够在一个更加宽广多彩的世界中进行交互和创造，体验到更加深刻和丰富的美学感受。

传统的沉浸式体验通常依靠人类的感官器官和大脑来解析信息并模拟场景，这种模拟场景可以让人们有一定程度上的体验感受。但是，这种体验方式所能实现的场景受到了很大限制，因为传统的沉浸式体验只能通过人类已有的感官系统来呈现，无法实现人类所接触不到的环境和事物。虚拟现实技术则在多维度上重构了场景，同时保证了真实性，让用户可以在丰富的环境内进行交互和创造。虚拟现实技术为美学体验带来了深度和宽度，突破了"场景限制"的局限。

虚拟现实技术的另一个重要特点是可以嵌入声音、光影、触觉、气味和其他感官信息。通过让用户感知更加全面、丰富且真实的场景，虚拟现实技术让沉浸式体验更为真实。传统的美学体验通常只涉及视觉感知，而虚拟现实技术则能够通过声音、光影、触觉和气味等其他感官模块让用户全面感知虚拟场景的每一个细节，让人们能够更加深刻地感受到美感。

虚拟现实技术的发展还带来了更多新的美感体验。例如，虚拟现实技术可以创造出一个与现实完全不同的世界，这个世界可能充满了奇特的建筑、独特的生物和神奇的环境，让人们在其中体验到一种全新的美的感受。虚拟现实技术还可以创造出一种自由创作的空间，让人们能够自由地创作出自己的艺术品，这使得每个人都可以成为一位艺术家，去创造属于自己的美的世界。

总的来说，虚拟现实技术为美学体验带来了新的可能性，让人们能够在一个更为广泛和深刻的世界中进行创造和体验。虚拟现实技术的多维度场景和多感官模块嵌入，让美的体验更为深刻、全面和真实，同时还创造了更为自由的艺术创作空间。虚拟现实技术代表着美学体验的未来，它将让我们的生活变得更加美丽和动人。

二、虚拟现实技术在美学创新方面的应用

（一）创新文学作品

随着虚拟现实技术的不断发展，文学创作也开始以全新的方式呈现在读者面前。虚拟现实技术可以在文学世界中创造沉浸式体验，让作品更具灵活性和创新性，为文学创作开辟了新的领域和新的可能性。

传统的文学创作通常是通过文字、话语和叙述来表达情感、描绘场景和塑造角色的，但在虚拟现实技术的帮助下，文学创作不再局限于纸面语言的表达，而是可以通过虚拟环境的创造以更为多元的创作方式表现出来。怀着对技术和文学的无限好奇心，人们通过虚拟现实技术的创新，创造出了虚拟小说、虚拟诗歌、虚拟散文等新的文学形态，从而在文学领域引入虚拟现实技术，以此对传统文学进行革新和推进。

在虚拟环境中，文学世界可以被塑造成更加开放和多维度的范畴。这种多维度体验对于文学作品的整体呈现产生了积极的影响。虚拟环境使得虚拟小说、虚拟诗歌、虚拟散文等文学作品能够使用图像、声音、动画和互动等元素丰富原来纯文字化的表现方式。作品中的角色可以通过三维渲染技术完全还原，情节可以采用数字化的形式呈现出来。这一切都使得读者能够通过视觉、听觉、触觉等多种感知方式进入故事，最终体验出创作者的想象。这与传统的阅读方式是完全不同的，其极大地提高了读者对于故事的沉浸感和参与感。

虚拟现实技术的应用还能让读者在网上参与文学创作。让读者不再仅向文学大师寻求解答，而是成为文学的创作者之一，利用虚拟现实技术的多样性和互动性，在虚拟环境中开展创作。例如，虚拟诗歌可以通过写作、比赛等方式吸引更多人参与其中，参与者可以通过虚拟环境，创造出自己独特的诗歌形式，并在其中探索出自己独特的诗意，最终在虚拟诗歌世界中与他人分享作品、交流心得和提高创作水平，建立一个良好的学习

分享环境。

总的来说,虚拟现实技术在文学中的应用,不仅改变了传统文学作品的表现形式,而且对文学环境的营造和文学人群之间的互动也产生了积极影响。虚拟环境不再仅局限于情景模仿,而更加强调与读者之间的互动。这一切都为文学人士和读者带来了诸多好处,使创作更加自由,读者参与感更高、参与速度更快,激发更多的创意,促进文学的繁荣与发展。虚拟现实技术为文学艺术提供了无穷的灵感和可能性,这是一项非常重要的进步。

(二) 创新艺术作品

虚拟现实技术能够为传统艺术创作注入新的元素,让艺术作品获得全新的创作方式和表达形式,从而为观众带来崭新的美感体验。虚拟现实技术可以用于创造虚拟画廊、虚拟美术馆、虚拟雕塑园等艺术形式,让艺术作品呈现出更加灵活和开放的艺术体验。在虚拟现实环境中,艺术家可以进行更加灵活的艺术探索,打破传统艺术的局限,将自己的艺术想象尽情地展现出来。

虚拟现实技术的运用,可以让艺术家和观众在虚拟环境中进行无限的探索和创作,这样一种艺术形态,为艺术家和观众之间的互动注入了新的动力。传统艺术创作通常需要考虑展览场地、观众数量和安全等问题,但虚拟现实技术可以为艺术家和观众提供一个完全不同的艺术空间,让他们不再受限于现实生活的种种限制,将其置身于一个浩瀚的虚拟世界,开展自己的艺术探索。

虚拟画廊是其中一个典型的例子。通过订单手机终端或者 VR 设备,观众可以直接进入虚拟画廊,并从中欣赏和购买艺术品。虚拟画廊不仅能减少展览的限制,同时满足了观众和艺术家之间的需求:通过虚拟现实技术,艺术家可以将自己的创作展现给全球范围内的观众,而观众们也可以在虚拟画廊中欣赏和学习艺术作品,同时也可以和艺术家进行交流和沟通。

对于虚拟美术馆而言,这种未来主义的艺术展览正在成为更多的艺术机构的创意选项。借助虚拟现实技术,观众可以欣赏到从经典到现代的独特的艺术品,并可以在一个互动的区域中了解艺术家及其家庭、作品、创作过程以及背后的故事,让观众更为深入地了解艺术品的背后和文化的精髓。无论是描绘自然美景的绘画,还是反映现代社会的新派艺术,虚拟美术馆都为艺术爱好者提供了高度的参与感。

虚拟雕塑园则是让艺术更贴近自然的艺术体验方式。传统雕塑在去除其立体感之后,无法再轻易地呈现完整的艺术家的想象。但是,借助虚拟现实技术,观众可以欣赏到独特的艺术创作,从视觉与听觉上在虚拟现实环境中体验艺术品。虚拟雕塑园使得艺术家可以将其作品呈现为逼真的数字建筑或符号。虚拟雕塑园让参观者能够在数字体验中模拟触觉和声音的实体感,进而可以感知艺术品的各种元素,加快体验感受的速度。

总的来说,虚拟现实技术的应用为艺术创作提供了一个崭新的方向,让传统的艺术形式得以在无声无息中迎接一个新的未来。艺术家可以通过虚拟现实技术表现出他们的想象和创意,并为观众带来前所未有的艺术体验。虚拟现实技术可以让观众暂时抛开现实的束缚,拥有更多的空间和时间来感受和欣赏艺术品。这些成就不仅充实了艺术内涵,也拓展了艺术边界,促进艺术的繁荣与发展。

(三) 创新舞蹈作品和表演

虚拟现实技术对当代舞蹈和表演领域的创新与发展作出了重要贡献。虚拟现实技术在舞蹈和表演中的运用,为创造出新颖独特的舞蹈风格带来了无限可能。虚拟现实技术可以打破传统舞蹈和表演的限制,为观众创造出沉浸式的艺术空间,增强表演的舞台效果,从而给观众带来更加丰富和多元的艺术体验。

虚拟现实技术与舞蹈的融合,使现实与虚拟世界交融,在一个跨越多个时空和空间的场景中创造了一种全新的舞蹈艺术。通过使用虚拟现实技术,表演者可以跨越限制,创建并呈现出与众不同的舞台效果,使舞蹈表演呈现更加神秘、超现实的舞蹈风格。同时,这种形式的舞蹈表演也为观众展示了多面性,让观众可以在艺术空间里自由探索和体验。这种舞蹈艺术的形式使表演者和观众之间的交互性增强,为观众创造出参与感和互动感的艺术体验。

虚拟现实技术还可以通过创造虚拟背景、音效、视效、世界观等不同的元素，增强表演的舞台效果，将观众带进更加沉浸式的艺术世界。虚拟景观的运用，可以将舞台带入未来、空间化场景或充满特效的艺术空间中。虚拟背景可以制造超现实主义风格、科幻世界或独特的艺术观感，让观众感官上得到更深的享受。音效和视效的使用则可以将观众从现实世界带进舞台中来，让他们在音效和视觉效果的衬托下感受到表演者所营造的艺术氛围。

虚拟现实技术还可以在视觉呈现中创造出不同感觉的世界观。无论是与时俱进的未来世界、封闭的空间，还是独有的"魔法世界"，都能够让观众进入一个全新的艺术空间中。世界观的创造可以为观众进入不同的表演舞台提供引导，营造出更加深刻的艺术体验。

总的来说，虚拟现实技术对于现代舞蹈和表演艺术的发展作出了重要贡献。虚拟现实技术的运用赋予了表演者和观众更多的探索和发现空间，同时它也为舞蹈和表演这一形式的艺术创作注入了崭新的元素，让它更加与时俱进。通过虚拟现实技术的运用，现代舞蹈和表演艺术将不再受限于时间和空间上的先天性限制，为艺术家、表演者和观众提供了直观和立即性的交流方式，进而激发更加创新的艺术创作能力。

（四）创新游戏

虚拟现实技术为游戏领域带来了全新的革命性变化。虚拟现实游戏作为虚拟现实技术所创造的一种全新游戏形式，不仅能够让玩家在沉浸的游戏环境中体验真实的游戏乐趣，也能够为玩家提供更加开放、灵活、沉浸式的游戏体验。虚拟现实技术的独特应用，为游戏界带来了巨大的创新和发展。

虚拟现实技术的应用，让游戏玩家能够在一个开放的游戏世界中自由探索、发现和体验。与传统游戏相比，虚拟现实游戏将游戏玩家带入了一个更加真实、更加震撼的游戏世界。这个游戏世界可以破除传统游戏中的空间限制，让玩家在虚拟世界中毫无束缚。虚拟现实技术还可以创造出不同的虚拟场景和玩法，使整个游戏世界呈现出更加丰富多彩的游戏体验。

虚拟现实游戏也能够带来更加灵活的游戏体验。传统的游戏模式过于单一、局限性强，而虚拟现实游戏则能够根据游戏玩家的需求和喜好来灵活地切换游戏模式。玩家可以在游戏过程中随时调节虚拟现实设备，改变游戏的表现方式，并获得更加通透的游戏体验。虚拟现实游戏可以让玩家感到身临其境、自然流畅的游戏体验，从而带来更多更真实的游戏乐趣。

虚拟现实技术的应用，也让游戏玩家能够在游戏中体验到更加沉浸式的游戏环境。虚拟现实游戏最大的优势在于让玩家感受到真实的游戏环境，玩家可以忘却现实的一切，全身心地融入到游戏中去。虚拟现实技术可以为玩家创造出一个开阔、充满想象力的游戏场景，让玩家享受到更加沉浸和逼真的游戏体验。

总的来说，虚拟现实技术为游戏领域带来了前所未有的创新和发展。虚拟现实游戏能够为玩家带来更加开放、灵活、沉浸式的游戏体验。在虚拟现实技术的推动下，游戏领域的未来也将更加广阔和充满机遇。虚拟现实游戏的呈现形式充满了无限的可能性，游戏行业和爱好者应该积极迈向虚拟现实技术所主导的全新时代。

（五）创新建筑设计

在当今信息技术不断发展的时代，虚拟现实技术正在被广泛应用于各个领域，其中建筑设计是一个逐渐成熟的应用方向。虚拟现实技术提供了一种全新的建筑设计方式，通过模拟现实环境来帮助建筑师更好地理解建筑设计，实现更高效的设计方案。虚拟现实技术的应用，为建筑设计带来了更多的创新和发展可能性。

虚拟现实技术可以为建筑师创建更直观的建筑呈现。建筑师可以使用虚拟现实技术创建3D渲染图，让他们更清晰地了解建筑设计的每一部分。虚拟现实技术可以通过高保真的3D渲染技术，创造出逼真的建筑场景，从而让建筑师更加直观地感受到建筑设计的效果和空间感。通过这种方式，建筑师可以更好地理解建筑设计的各个方面，并对设计方案作出精确定位。

虚拟现实技术的应用还能帮助建筑师测试建筑协调性和可达性，进一步提高建筑设计的质量和效率。在建筑设计中，建筑师需要考虑各种复杂的因素，如建筑协调性及可达性等。虚拟现实技术可以帮助建筑师在设计之前对这些因素进行测试和分析,从而更好地解决设计方案中存在的问题。虚拟现实技术还可以帮助建筑师在测试期内模拟建筑的实际应用场景,从而可以更好地评估建筑的协调性、可达性和使用性等方面,显著提高建筑设计的质量和效率。

虚拟现实技术的应用还能缩短建筑设计周期和减少建筑成本。通过虚拟现实技术,建筑师可以尝试各种设计方案,以改进和完善设计,显著减少设计错误。由于虚拟现实技术可以在设计阶段测试所有设计方案,因此很多建筑设计问题可以在设计阶段就得到解决,从而减少建筑成本和节约时间。这对于建筑公司、工程团队和业主来说都是一个很重要的好处。

总的来说,虚拟现实技术的应用为建筑设计的创新和发展提供了全新的思路和方法。虚拟现实技术可以帮助建筑师创建更直观的建筑呈现、测试建筑协调性和可达性,并通过模拟建筑实际使用情况,来评估建筑设计的质量和效率。虚拟现实技术的应用将缩短建筑设计的周期和减少建筑成本,为建筑业带来更多机遇和挑战。虚拟现实技术的广泛使用,将助力建筑设计行业的进一步发展,同时为更多建筑设计师提供更好的创新平台。

第三节 虚拟现实技术在美学领域中的应用案例

随着科技的不断进步,虚拟现实技术正逐渐成为一项重要的技术应用。它能够通过模拟和模仿现实世界创造出新的体验和感觉,通过让人们沉浸其中,从而创造出更加真实的视听体验,同时也能够应用到各种领域中,其中美学领域更是其中一个应用广泛且充满潜力的领域。本书将着重介绍虚拟现实技术在美学领域的应用案例,帮助读者了解到虚拟现实技术在美学领域的应用前景和价值。

一、虚拟现实技术在美术艺术领域的应用案例

(一) VR 艺术展览

随着虚拟现实技术的不断发展和普及,VR 艺术展览已成为吸引公众

关注的热门应用之一。相对于传统的艺术展览，VR艺术展览可以在一定程度上弥补现实展览所存在的局限性，为观众带来全新的感官体验和交流方式。

一方面，VR艺术展览可以通过数字化技术将现实中的艺术品呈现在虚拟三维空间中，让观众获得更加真实、逼真的感官体验。在VR展览中，观众可以通过头戴式显示器或其他VR设备进入虚拟现实的艺术空间，通过视觉、听觉等多种感官的刺激，深度感受艺术品的美感与内涵。与传统展览相比，VR展览具有更强的互动性和自由度，观众可以自由探索和品鉴艺术品，通过交互式的方式与艺术品进行互动和对话，建立更加深入的心灵沟通。

例如，香奈尔（Chanel）公司在2018年推出的"Chanel No. 5 LESCO-FILM" VR展览，就将"香味"这一元素引入到艺术呈现中，通过VR技术和声音特效，创造出独特的氛围和气息，让观众感受到香水所带来的独特美感。同时，VR展览还通过艺术品展示和解说，提供了更加详细、深入的艺术知识和信息，让观众更好地了解和欣赏艺术品的内涵。

另一方面，VR技术也为艺术品和展览带来了更为广泛的宣传和传播途径。传统的艺术展览一般仅能吸引有限数量的观众，而VR展览可以通过互联网、社交媒体等途径向全球各地的用户宣传和推广，让更多的人有机会欣赏到展览中的艺术品，提高艺术品的知名度和曝光率。通过虚拟展览宣传，艺术品的参观者不再局限于当地或特定时间段的观众，而可以通过互联网在任何时间、任何地点都能够感受到艺术品的美感和内涵。

此外，VR技术还可以为艺术文化产业带来更多的商业机会和利润。通过虚拟现实技术，艺术品展览可以进行更多样化的营销和商业模式创新，为艺术品的销售和展示带来更多的商业价值和效益。例如，基于VR技术，一些艺术品交易平台已经开始实现艺术品交易、鉴定和收藏的一站式服务，为艺术品买卖提供了更为方便、透明的模式，同时增加艺术品的交易规模和流通程度。

总之，VR艺术展览作为一种新的艺术呈现方式，既能够给观众带来全新的感官体验和交互方式，也能够为艺术品的宣传和传播带来更广泛的途径和商业价值。随着技术的不断进步和文化创意产业的不断发展，相信

VR艺术展览将在未来展现出更为广阔的发展前景和机会。

（二）虚拟美术馆

虚拟美术馆是一种基于虚拟现实技术的数字化美术馆，它运用数字化技术将真实的美术馆转换成具有三维感官体验的虚拟空间，为观众提供更加全面、深入的美术品欣赏与交流方式。与传统的实体美术馆相比，虚拟美术馆具有更加开放、灵活和易于访问的特点。

首先，虚拟美术馆的优点在于，它能够克服实体美术馆的空间、时间、成本等限制，使得远隔千里的观众也能够实现对美术品的欣赏和交流。一些有历史价值的美术馆常因为地理位置偏远或其他原因，导致不少爱好者无缘参观。而虚拟美术馆可以在地理位置上消除这种局限，通过互联网等渠道，将美术品呈现在观众面前，让更多人能够欣赏到艺术的美。

其次，虚拟美术馆还具有更高的互动性和自由度，可以按照个人的兴趣和需求，自由浏览和交流美术品。一些虚拟美术馆还提供了交互式的多媒体展示和互动服务，使得观众能够与美术品进行更深入、直观、感性的体验和交流，拓展了美术品交流的广度和深度。

最后，虚拟美术馆也为美术文化产业带来了更多的商业机会和利润。通过虚拟现实技术，美术品交易平台可以实现更为精准、多样化的用户推广和营销，提高美术品的曝光率和交易效率；美术博物馆也可以通过虚拟美术馆项目推广和建设，扩大知名度和影响力，增加收入和体验指数。

总之，虚拟美术馆作为一种新的美术交流平台，不仅为观众带来了更多的便利和选择，同时也为美术文化产业带来更加广泛的商业机会和利润。随着技术的不断发展和美术文化的不断丰富，虚拟美术馆必将在未来发挥更为重要和广泛的作用。

（三）VR艺术作品

虚拟现实技术的快速发展，为艺术家们创作VR艺术作品提供了更为广阔的空间和可能性。VR艺术作品是指利用虚拟现实技术和数字媒体制作出的艺术作品，将视觉、听觉等多种感官元素有效地融合在一起，创造出超现实、跨越时空的感性体验。VR艺术作品的创作方法与传统艺术作品不同，虚拟空间属于全新数字媒介，需要艺术家们在技术的基础上加入其创造性的思想和艺术创意，才能够创造出有意义、有灵魂的艺术作品。

在 VR 艺术作品中，虚拟现实技术起到了至关重要的作用，艺术家们能够利用虚拟现实技术，创造出更加生动、逼真的虚拟空间来展现自己的创意和观点。例如，Oculus VR 公司制作的非凡艺术作品"Henry"就是一个很好的例子。这个作品讲述的是一个爱孤独的小猪 Henry 的故事，虚拟现实技术的运用能够让参观者身临其境地体验这个故事的情感和感觉。在这个虚拟空间中，艺术家们通过图像、声音、互动等多种元素创造出了一个完整的世界，听众能够参与其中，与 Henry 一同体验生活，感受到了时间和空间的跨越带来的旅程中的感动和思考。

VR 艺术作品不仅能够带给观众身临其境的体验，还能够拓宽艺术创作的方式和手段。虚拟现实技术允许艺术家们构建虚拟独立的艺术空间，创作 3D 模型、动画、音乐和影片等多样化的艺术形式，并且允许观众以全新的方式与作品互动。例如，王国维在《山水质朴》中记载的"以心会景"，即通过心灵与天地、视觉对象的交织，呈现出一种自然而真实的景象感受，与 VR 艺术作品所展现的身临其境的感觉是相似的。这种表达方式不仅在美学层面上丰富了人们的体验，也拓展了艺术表现的可能性，丰富了美的表现形式。

总之，VR 艺术作品的出现，为艺术家们提供了一种新的表现方式和创作手段，将艺术与技术完美结合，给观众带来了全新的、身临其境的艺术体验。未来，随着技术的进一步发展，VR 艺术作品可能会创造出更加惊人的、感性的新世界，让人们可以在数字化的虚拟空间中突破历史的限制，再现人类思维与生命的创造力。

二、虚拟现实技术在建筑设计和城市规划领域的应用案例

（一）虚拟城市规划

随着城市化进程的不断加快，城市规划日益成为城市发展的重要组成部分。而虚拟现实技术的快速发展，为城市规划带来了前所未有的机遇和

挑战。虚拟城市规划是利用虚拟现实技术模拟真实的城市环境并进行规划制定，然后通过虚拟现实技术对城市进行可视化呈现的一种新型城市规划模式。虚拟城市规划将现实中复杂的城市规划问题转化为虚拟的环境，既能够更好地反映真实情况，也能够更好地解决现实中的问题，提高规划和决策的准确性和效果。

虚拟城市规划具有许多优势。第一，虚拟城市规划具有高度的模拟性，可以准确模拟城市的各个因素，包括人口、道路网络、建筑物等，从而更加真实地反映城市的现实情况。第二，它可以提供高度可视化的呈现，让城市规划者更加直观地了解城市的规划和发展情况，并且能够在虚拟环境中不断进行调整和优化，最终得出更合理、更优化的规划方案。此外，虚拟城市规划在预测城市建设未来模式和发展趋势方面也具有优势，通过虚拟模拟的方式，可以更为精准地预测城市发展的未来模式和变化趋势，提前规划和应对未来城市发展的挑战。

目前，虚拟城市规划在世界各地都得到了广泛应用。例如，玛丽卡共同体重建虚拟现实系统（MAVRIS）就是一个开放的、虚拟的，可以对任何城市进行建筑和城市规划方案的集体规划平台。用户可以通过该软件制作虚拟城市规划方案，像建立建筑物一样，这些模型可以在模拟的三维城市中进行可视化演示。利用这种虚拟建筑技术，城市规划者可以更好地规划和评估城市建设方案以及创新的形式，更好地应对突发事件和城市发展的挑战。同时，虚拟城市规划的应用还可以促进城市规划的民主化，让更多的居民参与到城市规划中，为城市的发展提供更多的建设性意见和建议。

虚拟城市规划的使用还有一些限制。例如，虚拟环境的建立和维护需要大量的人力和资源，需要专业的技术人员进行操作和管理。此外，虚拟环境在某些情况下可能会与现实存在差异，因此需要适当地调整和实验来确保虚拟城市规划方案的准确性和可靠性。

总之，虚拟城市规划是一种有前途的城市规划方法，通过运用虚拟现实技术，可以更好地模拟城市环境，提升规划和决策的效果，并为城市的可持续发展提供有力的支持。我们期待未来可以有更多的城市规划者加入虚拟城市规划的大家庭，共同探索城市发展的新途径。

(二) 建筑物模拟设计

随着虚拟现实技术的不断发展,建筑师们已经开始利用这种技术来进行建筑物模拟设计。虚拟现实技术可以将建筑物的模型进一步转换为可进行实时漫游、体验和交互的物理世界。通过虚拟现实技术,建筑师可以在虚拟环境中进行建筑物开发、实验、内部设计,并进行用户测试和回馈。虚拟现实技术还能够模拟出建筑物在不同天气条件下的表现方式,这有助于设计团队在建筑物的开发过程中对于不同设计的情况进行研究和评估。另外,构建虚拟现实建筑物的数据可以在多个平台和装置中进行共享,这让设计团队更容易完成设计、快速反映反馈信息和调整并升级设计方案。

以上所描述的 Sketchup 公司的"Sketchup Viewer VR"就是这样一个运用虚拟现实技术设计出来的应用软件,它可以帮助建筑师将建筑物模型转化为具有深度的物理空间环境。这意味着用户可以通过虚拟现实技术来实际体验建筑物,更好地预测未来的使用效果和反应,从而进行充分的设计。建筑师们可以在虚拟现实环境中通过实时漫游来检查建筑物的设计,包括建筑物的尺寸、高度、颜色、形状等要素,这样就可以在设计完成之前发现和解决潜在的问题。此外,利用虚拟现实技术进行建筑模拟设计可以更好地探索建筑物的身世和历史,使建筑师们能够更容易地了解一座建筑物的历史和文化内涵,从而更好地继承和发扬建筑文化。

虚拟现实技术的应用极大地提升了建筑物模拟设计的效率和准确性。通过虚拟现实技术,建筑师们可以更好地控制建筑物的外观和形态,包括建筑物的尺寸、比例等。同时,建筑师也可以通过虚拟现实技术来模拟建筑物在不同环境下的表现和效果,包括模拟建筑物在白天和黑夜、在不同天气条件下的表现方式。这不仅有助于设计团队在建筑物的开发过程中对不同设计的情况进行研究和评估,而且也有助于向客户和市场推销建筑物。

虚拟现实技术的应用还提高了建筑物模拟设计的可持续性。使用虚拟环境进行建筑物模拟设计可以减少对环境资源的消耗,避免了大量的建筑物建设浪费,减少了环境污染。另外,在模拟设计的过程中可以对建筑物技术和设备进行测试和评估,为建筑物的可持续发展提供了前所未有的机遇。

虚拟现实技术的应用对于建筑物模拟设计有很好的潜力，但是也存在一些挑战。例如，虚拟现实技术需要高度的图形处理器和计算能力，这需要设计团队有强大的计算资源支持。此外，虚拟现实技术的应用还需要专业的人员，如建筑师和计算机程序员，他们需要具备建筑、技术、传播和管理等方面的复合能力，这对于人才的选拔和培养都提出了挑战。

总之，虚拟现实技术的应用已经为建筑物模拟设计开辟了全新的空间和机遇。这种技术可以帮助建筑师们更好地探索建筑物的设计、预测未来建筑物的使用效果以及快速调整和升级设计方案，这对于建筑物的可持续发展和环保建设都具有积极的意义。我们期待虚拟现实技术的应用越来越成熟和完善，为建筑物模拟设计打造一个更高效、更准确、更可靠的平台。

三、虚拟现实技术在游戏开发领域的应用案例

（一）VR 游戏

虚拟现实技术在游戏领域的应用已经成为虚拟现实技术发展中的一个重要的领域。采用虚拟现实技术的 VR 游戏，不仅能够更真实地呈现游戏场景，给玩家提供更加沉浸式的游戏体验，还能够让游戏的创作和设计更加简便和高效。

对于游戏开发商来说，虚拟现实技术的应用带来了一些全新的挑战和机遇。虚拟现实游戏需要更高的技术支持，需要具备更为出色的 3D 建模、艺术设计、游戏创作和编程技能。此外，游戏开发商还需要考虑虚拟现实游戏的硬件设备价格问题，包括 VR 头戴设备、鼠标＋键盘等硬件设施的费用等。

虚拟现实技术的应用，为游戏创作带来了巨大的机遇。虚拟现实技术让游戏场景更加真实，让玩家沉浸其中。与此同时，虚拟现实技术也为游戏创作者提供了更加自由的空间，可以让他们更好地探索新的游戏风格，可以让他们更好地实现自己的想象和创意。

同时，虚拟现实游戏也正在向更多的领域扩展。除了传统的游戏类型外，VR游戏已经开始向其他领域拓展，如教育类游戏、医疗类游戏等。在教育领域，VR游戏可以帮助学生更好地理解教育知识，实现教育目标；在医疗领域，VR游戏可以帮助医生更好地进行诊断、治疗和康复。

另外，虚拟现实技术的应用，也在慢慢消解现实与虚拟之间的边界。例如，英国华威大学的研究人员与中国华南理工大学的研究人员合作研发疼痛辅助治疗系统，将智能双腿假肢和虚拟现实技术相结合，让残疾人可以更好地运用肌肉群和神经，实现各种日常活动。

虚拟现实技术的应用还有很多挑战，如技术的稳定性、价格等问题。其中最大的问题就是，虚拟现实技术的硬件设备一直价格高昂。然而，随着技术的不断成熟和竞争的不断激烈，虚拟现实技术的硬件设备价格已经在下降。而且，虚拟现实技术将会带来一系列新型和实惠的硬件设施，例如，头戴式显示器、手部控制器、感测器和手柄游戏控制器等。这将带来更好的体验、更优秀的性能和更加普及化的硬件。

总之，虚拟现实技术的应用在游戏领域的发展日益成熟，带来了许多机遇和挑战。虚拟现实游戏的热度和用户规模不断壮大，不仅为游戏玩家提供了全新的娱乐形式，同时也让游戏创作者有更多的空间去探索游戏创作。我们期待虚拟现实技术在游戏领域的应用，会带来更加出色和令人难以置信的游戏体验。

（二）VR电影

虚拟现实技术是电影制作领域的重要进步，将电影从2D荧幕转变为以3D视觉形式展现给观众。这项技术为电影创作者和观众提供了更为沉浸式的体验，让观众们能够更加贴近电影中的角色和情节。虚拟现实技术在电影领域的应用，使电影的受众能够从观看电影这一单向通信，转变为观影体验之间的互动，打造与传统电影完全不同的新型的观影方式。

虚拟现实技术的应用是电影制作中的一项重要进步。这是一项有前途的技术，可以让电影制作更加多样化、更加个性化，并且让电影观众拥有更全面的体验。传统电影无法让观众与电影的情节和环境互动，而虚拟现实电影则可以让观众成为电影中的主角，让观众在影片中改变剧情和场景。例如，观众可以通过勾选不同的选项或者通过移动头部、手部等方式，亲身感受到电影所呈现出的场景和氛围。

虚拟现实技术不仅为观众带来前所未有的电影体验，同时也为电影创作者提供了一个全新的制作平台。例如，虚拟现实技术可以将电影场景制作模拟成现实世界中的场景，便于制作过程中的修改和调整。虚拟现实技术还可以模拟人物和动作，帮助创作者更加容易地制作出完美的视觉效果。

总之，虚拟现实技术的应用在电影制作领域已经慢慢成为趋势，为电影创作者和观众们带来更为沉浸式的体验、更为真实的亲身体验。但是相对于传统的电影制作，虚拟现实电影还有许多先进的技术和挑战，需要在技术和硬件设施上不断完善和创新。我们相信，虚拟现实技术在电影制作领域的应用会更加广泛和成熟，未来必将壮大。

四、虚拟现实技术在音乐领域的应用案例

（一）在线音乐演出

虚拟现实技术已经逐渐成为音乐行业创新发展的重要推动力量。在线音乐演出是虚拟现实技术的一大应用方向，它为观众提供了与实际观看演出相似的体验，实现了真正的全球性音乐演出。本部分将详细探讨在线音乐演出。

随着网络技术的发展，虚拟现实技术也越来越成为人们日常生活中不可或缺的一部分。在音乐行业，虚拟现实技术正在为歌手、音乐节、演唱会等提供全新的表现手段。在线音乐演出便是其中一个应用场景。

在线音乐演出主要是指观众可以通过网络直接参加现场音乐演出，通过虚拟现实技术，在虚拟空间中感受音乐的魅力。相对于实际观看演出，在线音乐演出的最大优势就在于足不出户，省去了时间和金钱上的成本。通过虚拟现实技术，观众可以在家中或者办公室里，轻松地观看、享受全球演出。

虚拟现实技术让在线音乐演出变得更加逼真。在演出中，歌手会利用

技术品牌的虚拟现实头戴设备,在演出中与观众进行互动,创造出沉浸式的音乐体验。观众可以像在实际音乐会中一样欣赏歌手的演出。例如,著名歌手加思·布鲁克斯(Garth Brooks)进行了一次在线音乐会,是当前在线音乐演出的一个成功例子。

虚拟现实技术还可以扩大音乐产业的影响范围和市场容量,优化音乐资源配置,促进音乐产业的发展。同时,在线音乐演出也将音乐的消费侧更加灵活化和个性化,为用户提供更加自由的选择,满足其个性化需求。

但是,随着在线音乐演出的发展,该领域也面临着一些问题,如管理和版权等。在线音乐演出作为一项新兴行业,需要音乐产业的各个方面共同推进,确保其持续健康地发展。

总之,虚拟现实技术在音乐领域的应用带来了许多新机遇和新挑战。通过在线音乐演出,观众可以享受音乐的魅力,也让音乐产业更加健康和灵活化。未来,随着虚拟现实技术的不断创新和完善,在线音乐演出必将迎来更为广泛的发展。

(二)沉浸式音乐视频制作

随着科技的不断发展,现代社会越来越注重视觉体验,而音乐作为一种重要的艺术表现形式,同样需要更高质量的视觉呈现来增强音乐的艺术感受,这就需要一种全新的音乐制作方式——沉浸式音乐视频制作。而这种制作方式与虚拟现实技术密不可分。

沉浸式音乐视频制作,顾名思义即为将音乐和视频元素相结合,以更加深入的方式呈现音乐作品,让观众身临其境地感受音乐的力量。而虚拟现实技术在其中发挥了重要作用,能够给观众带来更加真实的视觉和听觉体验。

在沉浸式音乐视频制作中,制作团队可以通过虚拟现实技术建立一个数字化的音乐世界。这个音乐世界可以是现实世界的一个完美再现,也可以是一个完全虚构的场景。通过虚拟现实技术的实时渲染,这个音乐世界可以更加逼真,观众可以身临其境地感受音乐所传达的情感和氛围。

除了音乐世界的建立,虚拟现实技术还可以为沉浸式音乐视频制作带来更丰富的视觉效果。虚拟现实技术可以实现光影、特效等方面的优化和调整，使得音乐和视频元素更加契合。例如，可以通过虚拟现实技术将音乐的情感元素与拍摄的场景、色彩、光线等方面相结合，使得观众能够更加深入地理解音乐作品所传达的情感。

同时，虚拟现实技术还可以为沉浸式音乐视频制作带来更加自由的创作空间。传统的音乐视频制作通常需要制作团队去现场拍摄，面临着时间和空间的限制，而沉浸式音乐视频制作则可以打破这些限制，让制作团队在数字化的音乐世界里尽情创作。

总之，虚拟现实技术为沉浸式音乐视频制作带来了新的可能性和突破口。沉浸式音乐视频制作不仅可以给观众带来更加逼真的视听体验，更可以让音乐作品在视觉上得到更好的呈现，提升了单曲、专辑的艺术价值和影响力。相信随着虚拟现实技术的不断发展和普及，沉浸式音乐视频制作会越来越受到欢迎，成为音乐制作领域中的一股新的热潮。

（三）虚拟现实音乐游戏

虚拟现实技术在未来的游戏产业中有着广阔的应用空间，其中虚拟现实音乐游戏则是其中重要的一种类型。在虚拟现实音乐游戏中，玩家可以通过虚拟现实技术创造的世界，以真实的动作和动态与音乐互动。这一新型游戏模式已经逐渐引起了人们的关注和喜爱，而其中的代表作品之一便是音乐游戏——Beat Saber。

Beat Saber 是目前最为成功的虚拟现实音乐游戏之一，它的玩法非常特殊，是一款需要玩家以光剑击中游戏中的音符的游戏。通过观察虚拟现实世界中不断向玩家飞来的音符，玩家需要舞动手中的光剑，击中对应颜色的音符，随着音乐的进行，节奏不断加快，难度也不断提高。而 Beat Saber 能够吸引玩家的不仅是游戏刺激的玩法，还有 Beat Saber 所能带来的沉浸式音乐体验。

在 Beat Saber 中，每个关卡都配有一首歌，而游戏设定的规则能够让玩家最大限度地融入到音乐中。这种游戏模式通过多层次的音乐行进和音符形态的变化，为玩家带来了新的体验和观感。当玩家舞动手中的光剑，精准地击中音符时，游戏会有相应的音效和光影效果，配合着音乐的节奏和旋律，带给玩家一种强烈的视听体验，使得玩家获得更加积极的游戏体验，并能够更加丰富地感受到音乐所带来的情感。

　　虚拟现实技术让音乐游戏变得更加真实和有趣，让游戏玩家能够更加直观地感受到音乐所传达的情感和内涵。而在 Beat Saber 中，虚拟现实技术的应用也使得玩家能够更加方便地告别传统游戏控制方式的单调和烦琐。通过模拟真实的动作和情况，玩家得以在虚拟世界中自如地进行操作，感受到声光效果的同时，也能够达到锻炼身体的目的。

　　虚拟现实音乐游戏正是以游戏和音乐为载体，结合虚拟现实技术，打造出新的游戏玩法和音乐体验，这种新型的娱乐方式将游戏和音乐带入了新境界，在未来也将更加受到人们的关注和喜爱。而 Beat Saber 的成功，也预示着虚拟现实技术、游戏产业和音乐产业间的合作，为这一新型娱乐领域的发展开辟了新的道路。

第七章
CHAPTER 7

虚拟美学与文化传承

第一节 虚拟美学的生成和发展

随着数字科技的不断发展和虚拟现实技术的越发成熟,虚拟美学逐渐成为文化领域的热门话题。虚拟美学是一种特殊的美学方式,它通过数字化、虚拟化等手段,创造出与传统美学不同的审美体验。虚拟美学的出现不仅在艺术层面上形成了独特的风格和语言,同时也在文化传承方面产生了一定的影响。本章将从虚拟美学、文化传承等多个角度,探讨虚拟美学对文化传承的意义。

虚拟美学是从现代艺术中诞生并逐渐发展起来的艺术语言,它展现出一种新的、抽象的、概念化的审美感受。虚拟美学的基础可以追溯到20世纪上半叶的现代艺术中,现代主义者以马奈、塞尚、梵高等传统艺术家的创作为基础,通过拆解、解构和消解等手段,创造出了一种全新的艺术形式。随着计算机技术的快速发展,以及虚拟现实技术在文化领域中应用的不断扩大,创作者也开始借助虚拟技术来表达他们的创意。

虚拟艺术家借助科技手段和实验性的艺术手法,创造出与众不同、前所未有的审美感受。虚拟艺术家们重视数字化、虚拟化、抽象化,且常常将这些元素结合在一起，使得作品更加具有现代感。这些创作者通过扭曲、剖析、重组或再造现实世界，创造出了一个丰富多彩、充满探索性的艺术世界。

虚拟美学旨在挖掘科技与艺术之间的潜在融合，借助科技手段来展现艺术作品。虚拟现实设备的应用为艺术作品的制作提供了极大的便利，让艺术家可以更加自由地创作。而且虚拟现实技术还为观众提供了更加贴近艺术家所创作的艺术作品的鉴赏方式。观众可以身临其境地走进一个虚拟世界，与艺术作品进行交互和探究，使得人们的艺术体验得以大幅提升。

虚拟美学带来了当代艺术的多样性，使得新科技与现代美学元素的融合带动艺术界的持续变革。近年来，虚拟美学的发展趋势为虚拟现实、增强现实、混合现实技术的融合与应用，让用户跨越现实和虚拟世界之间的界限。

虚拟艺术家和数字艺术家创造出一种超越实际空间和时间的观赏体验，这样的艺术形式既不完全依托于时间和空间的限制，也不是在空间和时间的桎梏下诞生的成品。而是一个与现实世界完全独立，可以将人们的创造力和想象力激发到最活跃程度的艺术形式。

虚拟美学的发展拉开了一段跨越多个角落和国度的创新之路，不断发掘和开发潜在的艺术价值。虚拟美学背后的艺术语言非常丰富，创作者们通过与不同时期、不同地域、不同国家各类文化元素的融合，使得虚拟世界的美学元素更加多样化，有了更加丰富多彩的"语言"。

总体来说，虚拟美学的出现和发展，是从现代艺术向数字化、虚拟化、抽象化进一步发展的必然趋势。虚拟艺术家不断创新，不断运用最新技术，不断挑战现有的规则和传统，推动虚拟美学的不断发展和变化。未来，虚拟发展必将推动艺术的多样性、个性化、富有创新性，并深度嵌入我们的现实生活中。

第二节　虚拟美学的形成条件

虚拟美学的形成条件可以归纳为数字技术支持、多元文化和全球化背景，以及科技、文化环境、艺术家本身的影响。

一、虚拟美学的形成离不开数字技术的支持

虚拟美学的出现得益于数字技术的不断更新和发展，数字技术为艺术家创造了一个全新的创作空间，使得他们能够用全新的方式创作艺术作品。早期的计算机技术为虚拟美学的起步提供了基础，提供了数字通信、交互等技术，同时为虚拟美学艺术家们提供了更多的想象空间。此外，随着虚拟现实技术、人工智能、区块链等新技术的不断发展，虚拟美学的空间得到了进一步的扩展和延伸，进一步支持了虚拟艺术家的创作。

在虚拟美学的发展过程中，虚拟现实技术是非常重要的一环。虚拟现实技术可以为观众创造一个身临其境的体验。艺术家们可以在虚拟的环境下进行创作，使观众可以直接参与到作品中来。虚拟现实技术可以为艺术家们提供广阔的想象空间，同时还可以让观众在看作品的过程中获得更加直观、身临其境的体验。

人工智能的出现也为虚拟美学的发展提供了新的可能性。人工智能技术可以为艺术家们提供对艺术的认知和理解，进一步拓展艺术的创作范围，并为观众提供全新的艺术体验。

区块链技术的出现同样给虚拟美学艺术带来了更多的支持和新的可能性。区块链技术可以提供作品的版权和唯一性保护，使艺术家们的作品获得更高的专利和版权价值。同时，区块链技术也可以为虚拟美学的交流和交易带来更加便捷和透明的方式，让虚拟美学艺术在全球范围内拥有更大的市场、更广阔的发展空间。

二、多元文化和全球化的背景也是虚拟美学形成的重要条件

现代社会中，由于全球化的进程和多元文化的交融，人们在生活、工作、学习等各个领域都越来越容易接触到不同的文化和背景，因此人们对于文化多样性和各种艺术形式的接受度也随之提高。这样的社会背景也为虚拟美学的发展提供了重要的条件。虚拟美学可以借助数字技术进行交

流和表达，而数字技术的普及也为不同地域、不同国家的艺术家们提供了通用的创作平台，使得虚拟美学成为一种真正意义上的全球性艺术形式。

多元文化的交融，不仅为虚拟美学的发展提供了新的创作思路和灵感，同时也为虚拟美学艺术家们提供了更广泛的参考和学习资源。不同文化之间的艺术交流和借鉴，可以促进虚拟美学的多向发展，进而为观众带来更加多样和丰富的文化体验。在虚拟美学的作品中，艺术家们可以借助虚拟技术在立体、影像、声音等方面打造出让观众产生身临其境之感的艺术作品，并深入到观众的生活世界和文化背景中。

而且，虚拟美学的跨文化特点也可以打破传统艺术语言的限制，给艺术家们带来更加丰富的表达和创作空间。艺术家们可以利用虚拟技术打破文化边界，将多元文化的元素结合在一起，从而创造出富有异域情调的艺术作品。这种打破文化边界的艺术形式，不仅给艺术家们带来更多的创意空间，也为观众提供了更广泛的体验。因此，虚拟美学的形成离不开多元文化和全球化的背景。

综上所述，虚拟美学的形成得益于数字技术和跨文化背景的加持，在现代社会中不断得到推广和发展。虚拟美学借助数字技术，同不同文化间的艺术交流相结合，为观众带来新颖、独特的文化体验，同时也在多元文化背景下获得了更多的可能性和发展空间。

三、虚拟美学的形成还受到科技、文化环境、艺术家本身的影响

虚拟美学的形成受到多种因素的影响，其中科技、文化环境和艺术家本身都扮演着重要的角色。科技的不断进步和发展，为虚拟美学的创作和表现提供了新的可能性和手段。艺术家们在利用虚拟技术创作之前，需要先学习和掌握相应的科技手段，而且随着科技的不断发展，艺术家们也需要不断更新和提高自己的技术水平，以更好地表达自己的思想和情感。

与此同时，也要注意到虚拟美学的发展需要在相应的文化环境中得到应用。由于不同国家和地区的文化差异，虚拟美学在不同的地方得到的发展是不同的。在西方文化环境下，虚拟美学更多地关注表达对于社会、文化、科技的批判和反思，而亚洲文化更偏重于借助虚拟技术来复兴传统文

化。这些文化差异也为虚拟美学的多元发展提供了可能性和动力。因此，需要将虚拟美学和文化背景结合起来，加强艺术家之间的文化交流，以促进虚拟美学的多向发展。

艺术家本身也是虚拟美学发展的重要因素之一。艺术家的审美观念、生活经验、文化背景都会对虚拟美学的创作和表现产生影响。不同艺术家的不同想法和兴趣在虚拟美学创作中表现得更加突出。虚拟美学创作既需要技术的支持，又需要灵感的启示和创造力的发挥。例如，一些具有强烈个人风格的艺术家，能够将传统艺术元素和现代科技完美结合，从而创作出独特的虚拟美学作品。

综上所述，虚拟美学的形成受到了多种因素的影响，包括科技、文化环境和艺术家本身等。在不同的文化环境中，虚拟美学的发展存在差异性，同时每个艺术家也具备着个性化差异，为虚拟美学的多元发展作出了贡献。虚拟美学的发展需要持续推进科技的进步、促进跨文化交流和多样化的创作灵感，从而推动虚拟美学的发展和进步。

因此，虚拟美学的形成离不开数字技术、多元文化和全球化背景，以及科技、文化环境、艺术家本身的影响等多种因素的共同作用。虚拟美学的发展已经成为数字技术与艺术相结合的一种典范，它为艺术领域带来了新的思维方式和创意方式，并且为观众带来了更加丰富的体验感受。未来，虚拟美学的发展将继续依靠新的关键技术、文化元素、艺术家的不断创新与成长。

第三节　虚拟美学对文化传承的意义

虚拟美学作为当代艺术的新兴形式之一，不仅可以带来惊人的视觉和感官体验，还能帮助人们更好地传承和发扬文化，这是虚拟美学对文化传承的重要意义所在。

一、虚拟美学是文化传承的一种新形式

虚拟美学作为一种新兴的艺术形式，重新定义了美学与文化之间的关

系。它不仅借助了数字化和虚拟化的特质，而且还融合了典型的文化元素和价值观，成为一种新的文化传承形式。

虚拟美学的文化传承价值表现在多个方面。首先，通过虚拟现实技术，让观者有了全新的沉浸式美学体验。艺术家们通过数字技术将传统文化元素融入虚拟艺术作品，让观众在虚拟世界中探究和领略不同的文化价值，并让其思考和探索多元文化之间的共同点和不同之处。

其次，虚拟美学的创作已经成为一种新的文化生成方式。由于现代社会数字技术日益普及，虚拟美学得到了广泛的传播和分享，让艺术品走进人们的生活，成为人们信息和文化时代的一种文化构建形式。虚拟美学的艺术作品表达了虚拟世界的美和真实世界的文化，通过虚拟介质和新技术手段，开创了新的文化创意和文化传承之路。

虚拟美学的文化传承还表现在它为传统文化的保护和传承作出了贡献。尤其是在全球化进程不断加速的背景下，虚拟美学成为将本土文化与全球文化相结合的桥梁和纽带，它通过艺术家们打破传统文化的束缚，利用三维建模等技术手段，创造出包含本土文化元素的虚拟艺术作品，从而让传统文化元素得到弘扬和传播。

最后，虚拟美学的文化传承价值还表现在它推动了文化交流和文化对话。虚拟美学的发展不仅是技术进步，也是文化的全球化进程，它通过虚拟预示真实，为世界各地的艺术家们提供交流和对话的平台。虚拟美学艺术家借助新技术和数字化手段，将不同文化、不同文化价值观相结合，推动了文化的交流与对话。

综上所述，虚拟美学作为一种新兴的艺术形式，代表着数字技术、文化传承、艺术创新等多方面的发展趋势，成为一个开放的、丰富的、可以创造无限可能性的文化平台。虚拟美学的形成和发展为人们提供新的视角，让我们更深入地理解文化的多元性和共性，推动了文化的多元发展和人类文化的共同进步，为我们打造了一个不断开拓的美丽世界。

二、虚拟美学能够传递文化价值观念

虚拟美学是一种数字化和虚拟化的艺术形式，它已成为当代艺术世界中新兴的表现形式，而且已经越来越受到人们的关注和欣赏。虚拟美学以其数字化、虚拟化和多样化的艺术手段，传递各种文化价值观念，以此为文化传承贡献出独一无二的视觉体验和思想启示。本部分将探讨虚拟美学艺术如何通过不同的艺术表现形式传递文化价值观念。

首先，虚拟美学艺术家通过将传统文化元素和现代科技手段相结合，将文化价值观念以全新的形式传达出来。举例来说，虚拟美学在艺术作品中使用了传统文化元素和符号，如中国传统文化中的龙、凤、狮子等，将它们作为作品中的主题或背景，借助数字化手段，传达出中国文化中追求吉祥、善良、幸福的价值观念。虚拟美学的艺术家们还通过数字技术，将草原、海洋、星空等自然元素巧妙地融入到艺术作品中，表达出对自然、生命、命运等主题的思考和感悟，这些作品不仅给观众带来美妙的美学体验，同时传递出人类追求和平、自由、幸福的文化价值观念。

其次，虚拟美学艺术家还将其个人的情感和价值观念融入到作品中，形成一种独特的艺术风格和文化风貌。通过虚拟美学的艺术作品可以感受到艺术家的个性化与风格化的深层表现，这些个人价值观、想法和思考经过艺术家的审美创意与技艺，巧妙地融合到虚拟美学作品中，将艺术家的生命力、创造力和思想力完美地展示给了观众。在美学、文化、科技等不同角度的融合之下，虚拟美学成为一个承载了艺术家们自身文化素养和思想随想的表现形式，它不仅展现了文化的多样性、丰富性，同时传达出了艺术家对生活、自然、技术和人性等不同思考维度的文化价值观。

最后，虚拟美学艺术家通过不同的艺术形式和媒介，传递出丰富多彩的文化价值观。不同的艺术形式，如绘画、影像、动画、音乐等不同语言方式和媒介，可以表达不同文化的理念，虚拟美学艺术家可以借助这些语言方式和媒介，创造出多元多样，平面、立体、动态、音乐性等不同艺术表现形式，展现出文化的丰富性与多元性。例如，虚拟现实技术实现了虚拟世界和真实世界的无缝对接，可以从视觉、听觉和运动感等多个角度与艺术家和观者进行联动，打破不同文化传播的障碍，也为文化价值的传递搭建了溯源各种文化之间相互交流的联动桥梁。

总之，虚拟美学以不同的表现形式传递文化价值观，为文化传承贡献了不可忽视的力量。在现代科技日益发达的时代背景下，虚拟美学在传达文化价值观念的同时，又为传统文化带来了新的发展，贡献出了新的思路和创意，其价值不容忽视。

三、虚拟美学是文化交流和融合的广阔领域

虚拟美学的艺术形式和技术手段使得艺术可以通过虚拟的环境不受时间、地域的限制，实现全球范围内艺术家之间的交流。这种交流进一步促进了不同文化之间的融合和交互，拓展了文化的边界，丰富了文化的内涵和外延。

首先，虚拟美学让来自不同文化背景的艺术家之间能够进行深度交流与融合。通过数字科技手段，艺术家能够不受时间和空间的限制，借助虚拟的环境展示作品、交流思想、分享经验，创造出跨文化的艺术作品和风格。这种文化的跨界融合拉近了不同国家和地区之间的文化距离，增强了不同文化之间的吸引力、交流性和影响力，推动了全球文化的多种形态、文化的包容性和多样性。

其次，虚拟美学能够促进文化的包容性和多样性，增加文化的表达。虚拟美学具有跨越国界、文化和信仰的"语言"，使得艺术在全球范围内进行流传。虚拟美学艺术家在他们的作品中引入了不同文化常见的图案、符号、图像及艺术表现，如印度的昆达里绣、中国的水墨画等，并对这些元素进行重新发掘和创意性的使用。虚拟美学的艺术作品中自然与环境等因素的融合也给人以一种更宏观、更深入的文化体验，使艺术表现出多样的文化层面，跨越了不同文化的鸿沟，为后人发现和探索不同文化提供了新的思路。

最后，虚拟美学技术有助于弘扬"地球村"意识，推动文化领域的全球创作和交流。虚拟美学技术允许艺术家贯彻自己的创意和思想，同时使得艺术家成为世界的市民，使其在创作和表达中能够更加全球化地展示自己的作品和思想，从而让更广泛的群众欣赏并接受。通过这种全球创作和交流，虚拟美学有助于培养人们的多元文化意识和全球化意识，让人们更好地超越种族、宗教、经济和政治差异的种种障碍，形成全球共识，一同前行。

总之，虚拟美学是一种全球化的文化现象，它为不同文化交流和融合

提供了广阔的领域。虚拟美学技术将促进全球艺术的交互融合，进而增强文化的包容性和多样性，推动文化领域的全球创作和交流，使得不同文化之间能够进行更加平等、深刻的沟通与合作。

第四节　虚拟美学在文化传承保护中的应用

虚拟美学是一种典型的数字艺术，它是数字化和虚拟化技术在文化领域中的应用，对探索文化传承的新途径和创新解决方案有重要意义。现代社会中，文化传承和保护面临着诸多难以逾越的阻碍，虚拟美学在文化传承保护中的应用，不仅可以有效地巩固传统文化保护的壁垒，还有以下几方面的重要意义。

一、虚拟美学有助于文化遗产的数字化呈现

虚拟美学技术在数字文化遗产领域中具有重要的作用。虚拟美学技术能够将不同种类的文化遗产数字化再现，并呈现出生动的视觉效果，这为文化遗产的传承和保护工作提供了新的可能性。

文化遗产是人类文明的历史和文化的重要符号，是代表一个国家或地区人民集体智慧的重要标志。文化遗产的数字化呈现，既可以为人们提供一种更为真实、直观的文化感受体验，同时也能实现文化遗产在一段时间内的数字化储存，从而创作出更优秀的产品。

虚拟美学技术的一个重要应用就是为文化遗产提供数字化再现，让更多人能够通过互联网和数字媒体了解和认识人类文明的历史和文化。通过虚拟现实和增强现实技术，结合传承基础性的文化遗产形式，如文物、建筑、艺术品等，已经有了比较完美的数字建模方法，这可以支持人们制作具有很强吸引力的文化遗产展览和文化旅游网站，并最终实现数字化消费。

第一，虚拟美学技术可以使用高精度的三维扫描技术和软件提取文物媒体数据信息，再通过大屏幕和虚拟现实设备呈现虚拟雕塑和3D图像。

通过 VR（virtual reality）技术，游客们可以更为亲密地接触文化遗产，栩栩如生、逼真展现的文化遗产宛若在身边。这种呈现方式不仅能够增强视觉及感官体验，还能提供更多的知识与信息，更好的文化遗产和增强文化传承的观赏性。

第二，增强现实技术也是呈现文化遗产数字化的一种重要技术，例如，通过 AR（augmented reality）技术，可以将文物、建筑等文化遗产通过手机或平板电脑扫描、识别出相应的标记，再以 AR 动画的形式呈现到手机或平板电脑屏幕上，直接展现出文化遗产的艺术性或历史性，更进一步地推广文化遗产的重要性。这种数字化呈现方式可以激发观众的兴趣，提高他们的知识储备，为文化遗产的保护和传承打下坚实的基础。

总之，将基于虚拟美学技术的数字化文化遗产传承和保护工作纳入当今数字时代的工作程序，它既可以在各种网络平台上展现，让更多观众了解文化遗产的方法和形式，也可以将文化遗产与数字化媒体的融合构建阐述出来。虚拟美学技术的运用让文化遗产能够更好地扩大传播范围，拓宽交流领域，更好地传承与保护。

二、虚拟美学有助于多元文化传播

虚拟美学是通过数字技术和视听媒体进行艺术创作和表现的一种新兴艺术形式，其应用可以推动当代文化的多元化发展和多元文化之间的交流与融合。虚拟美学的技术和应用对于多元文化传播具有重要意义，可为多元文化传播提供更加创新、多元的文化元素和文化信息，同时也可以提升文化传播的效益和增量。

第一，虚拟美学可为外来文化传播提供更加无限的可能性。虚拟美学是以数字技术为基础的，它能够将多种不同的文化元素整合到一起，使其呈现出更加绚丽多彩的画面形式。各种不同的文化元素，从平面图像到动态影像、从音乐到舞蹈，在虚拟美学应用中都得到了巨大的发挥。借助虚拟美学的技术和应用，文化元素之间的整合和呈现更加多样化，这将为多元文化之间的交流与融合提供更大的空间。同时，虚拟美学应用所创造的艺术作品和表现形式，更容易被人们所接受和认可。这将对外来文化的交流和传承起到更好的推动作用。

第二，虚拟美学可以提高文化传播的效益和增量。虚拟美学的应用为传播文化提供了更广泛的平台和途径，可以通过各种网络与传媒技术，进行更加便利的文化传播和推广。在时间和空间上，虚拟美学归纳并展示的文化元素得以在不受时间和空间限制的情况下向更广泛的观众群体进行展示。同时，虚拟美学的技术可以进行跨文化传播，透过各种数字媒体形式传播文化，它不仅可以激发观众的兴趣、提升观众对于多种文化的认知和理解，更可以促进不同文化体系之间更加深入的交流与合作，并最终助推文化与创意产业的创新发展。

虚拟美学技术的应用不仅创造了更加多元化的文化形式，也将其传播途径与幅度进行了扩大，增强了文化在多文化间的传递和交流的连贯性。虚拟美学不仅可以帮助人们获得体验不同文化的美感，同时还为深入交流和跨文化合作提供了更广泛的平台。总之，虚拟美学技术在多元文化传播领域中有着至关重要的作用，它将文化传播和创新发展推向了一个更加广阔、多元的领域。

三、虚拟美学的数字化特性为文化传承提供了新途径

虚拟美学是数字时代的产物，也是数字化艺术中的一种新兴形式。它利用数字技术创造出一种崭新的艺术体验，融合了美学、数字技术和文化元素，为文化传承提供了全新的途径。虚拟美学的数字化特性为文化传承带来了新的机遇和挑战，要求创意与体验能够在数字时代进行传播和教育，适应数字化时代的文化需求。

虚拟美学的数字化特性让人们有了更多种的方式来进行文化传承。数字技术使得文化元素得以转化为数字格式，并在数字媒体平台上进行呈现和传播。这为文化传承带来了新的机遇，通过数字化的方式可以更好地传递文化信息，也可以为传统文化注入新的活力。此外，虚拟美学将文化元素融入到数字媒体的艺术表达形式中，创造出更加生动、多彩的艺术作品，更容易引起年轻人的兴趣和重视，进而推动文化传承的发展。

虚拟美学的数字化特性要求创意和体验能够适应数字化时代的文化需

求。数字化技术已经成为人们交流和获取信息的主要手段，因此，文化传承也需要在数字化时代得到更新和发展。创意和体验是文化传承的核心，而数字化技术的应用以及信息传播的速度要求在文化传承中更加注重创新和多样性。虚拟美学的数字化特性可以在艺术表达和传承上提供不同的方式，鼓励艺术家和文化工作者在创作和传承中使用数字技术，发扬传统文化的精髓，并注入新的意义和感受。这样，传统文化可以更好地被传承下去，延续其本身的价值和意义。

总体而言，虚拟美学的数字化特性为文化传承提供了新的途径。虚拟美学通过数字技术的运用，可以更好地呈现和传递文化元素，同时也可以为文化传承增添新的面貌和新的方式。但同时，它也要求创意和体验能够适应数字化时代的文化需求，追求多样性和创新。虚拟美学的数字化特性为文化传承在数字化时代的转型和升级提供了新的启示和供给，因此，文化传承者们需要以开放的心态和积极的态度，更加深入地研究和探索虚拟美学的数字化特性，并将其运用到文化传承的实践中，为传统文化焕发出新的生命力和魅力。

第五节　虚拟美学面临的问题和挑战

尽管虚拟美学为文化传承和保护带来了新的机遇和发展，但其本身也面临诸多问题和挑战。虚拟美学技术的局限性、数字化时代的危机，以及艺术家的品质问题等都是当前虚拟美学面临的一些主要问题。

一、虚拟美学技术不断更新，推动创作和应用

虚拟美学技术的不断更新推动着虚拟美学的创作和应用领域不断拓展。虚拟美学作为数字化艺术的重要组成部分之一，在数字技术的支持下融合了美学和文化，其应用范围跨越了文化、教育、娱乐、医疗和机器人等多个领域。它不仅提供了新的创作技巧和表现方式，同时更进一步推进了数字科技、艺术设计和传媒融合，为未来的数字世界铺平了道路，使虚

拟美学更加丰富多彩。

在文化领域，虚拟美学的应用为文化传承提供了新的思路和方式。通过数字技术的呈现，文化元素变得更加生动和活力，更易于被年轻人所接受。同时，虚拟现实技术可以为传统文化事件和活动提供更加沉浸式的体验，让观众更加深入地了解和体验传统文化的价值和内涵。

在教育领域，虚拟美学的应用拓宽了教育场景，让学生在虚拟环境中进行更加生动、有趣的学习。虚拟美学技术可以创造出更为逼真的场景，实现真人互动，加强学生与课程之间的联系，提升学生的学习兴趣和参与度。

在娱乐领域，虚拟美学的应用满足了广大消费者的需求，为大众提供更为多样的消费方式。通过数字化技术的运用，人们可以在虚拟环境中体验各种娱乐项目，如电影、游戏、社交媒体等，增强消费者的消费体验。

在医疗领域，虚拟美学的应用为医务工作者和患者提供了更为高效的治疗方式。虚拟现实技术可以为医护人员提供更为真实的场景模拟，使得疾病诊断和治疗更加精准和快捷。同时，虚拟现实技术可以为患者提供更为沉浸式的治疗体验，增强患者对治疗的信心和参与度。

在机器人领域，虚拟美学的应用使得机器人更加智能化和可视化。虚拟现实技术和机器人技术的结合可以让机器人在处理各种任务时变得更为迅捷和灵活，从而为人类提供更为便利的服务体验。

总的来说，随着虚拟美学技术和数字技术不断发展，虚拟美学的创作和应用也不断推陈出新。虚拟美学将继续跨越不同的行业和领域，为文化、教育、娱乐、医疗和机器人等领域提供更为多样化的解决方案。虚拟美学的应用范畴将不断拓展，数字科技、艺术设计和传媒融合将得到更深入的发展，虚拟美学将成为数字世界的重要组成部分，为数字文化的发展注入新的活力和动力。

二、虚拟美学的艺术创作需要健康的社会环境

虚拟美学作为数字化艺术的重要组成部分之一，在数字技术的支持下

融合了美学和文化，其应用范围跨越了文化、教育、娱乐、医疗和机器人等多个领域。虽然虚拟美学的前景非常美好，但是在实际的艺术创作中，也面临一定的挑战。其中最为关键的问题是诚信和品质问题。由于虚拟美学作品依赖于虚拟技术和数字技术，一个良好的社会环境是虚拟美学健康发展的前提条件。为了保护资源并维持良好的企业运营，必须采取措施来确保虚拟美学的品质和诚信。

首先，一个健康的社会环境对虚拟美学的艺术创作至关重要。虚拟美学作品的创作和发展需要一个和谐、稳定、自由的环境。文化的创造离不开生态文化的支持，而厚重的文化底蕴也构成了文化创造的条件。因此，虚拟美学的艺术创作需要建立在一个文化和社会环境的基础上，让艺术家能够有一个持续创作的环境，让他们能够真正地表达自己的思想和感情。这种良好的社会环境也可以为虚拟美学的市场和观众提供价值，从而促进虚拟美学的发展和繁荣。

其次，资源保护是虚拟美学健康发展的关键。资源保护的目的是打击侵权和盗版，保证虚拟美学的作品能够得到公平的价值回报，同时也提高了虚拟美学作品的品质和诚信。资源保护也为虚拟美学企业提供了一个公平、健康的商业环境，使得它们能够在良好的市场环境中推广和发展自己的产品和服务。同时，资源保护也需要政府、相关机构和行业协会的共同努力，让侵权行为受到惩罚，并鼓励真正的创新和创造。

最后，虚拟美学企业运营的规范也是虚拟美学健康发展的必要条件。虚拟美学企业必须树立良好的经营理念和道德标准，遵循负责任、诚信和合法经营的原则，保持公开透明的运营和管理，让消费者和社会都能够信任它们的产品和服务。虚拟美学企业也需要规范自己的经营行为，遵守国家法律和产业规范，以确保企业运营的健康和可持续性。

综上所述，虚拟美学的艺术创作需要健康的社会环境来支持。一个和谐、稳定、自由的社会环境可以为虚拟美学的创作和发展提供良好的空间和资源，同时也可以增加虚拟美学的市场价值，促进虚拟美学的发展和繁荣。此外，资源保护和企业运营的规范也是虚拟美学健康发展的必要条件。政府、相关机构和行业协会的共同努力可以让虚拟美学避免受到侵权行为的打击，并鼓励真正的创新和创造。虚拟美学企业需要树立良好的经营理念和道德标准，遵循负责任、诚信和合法经营的原则，保持公开透明的运营和管理，让消费者和社会都能够信任它们的产品和服务。

三、技术的局限性需要克服

随着数字技术和虚拟技术的不断发展，虚拟美学的技术应用也日益广泛。但是在技术应用的过程中，虚拟美学技术也面临很多的挑战和局限性。其中最主要的问题之一就是技术的局限性。在艺术创作的过程中，虚拟美学需要克服技术的局限性，以实现更加真实、自然、丰富的表现效果。

虚拟美学技术所面临的最大的问题之一就是虚拟现实技术局限性。尽管虚拟现实技术已经在过去的几年取得了飞速的发展，但是其仍然面临许多技术性问题。例如在虚拟现实世界中，由于图像的真实感和运动感还有很多需要开发和改进的空间。当前，虚拟技术有时会无法满足人类感知的要求，可能会出现拖影或卡顿的情况。这些问题需要科技界、文化界、立法机构及其政策的共同努力来解决。

虚拟美学在创作中需要借助虚拟技术和数字技术来实现，因此要想真正实现虚拟美学作品的创作，需要克服技术的局限性。为此，虚拟美学技术需要针对这些问题进行大量的研究和开发。这不仅涉及图像和声音处理技术的改进，还包括对虚拟现实技术的深入研究，以确保虚拟美学作品具有更高的真实感和更强的视觉冲击力等。

在克服技术局限性的同时，虚拟美学技术也需要顺应时代的发展趋势不断进行创新。例如，在人工智能、机器学习、云计算等领域，这些新技术已经比较成熟，应用于虚拟美学技术中可以为作品的创作提供更多的可能性和实现更多的想象空间。同时，新技术也能够让虚拟美学作品更加互动和实时，与观众、用户更好地进行交互，加深沉浸感。

除了技术的发展和创新，虚拟美学技术在解决局限性问题时也需要考虑使用者的感受和需求。在技术的发展过程中，也需要多听取用户的反馈和意见，在实践中不断优化虚拟艺术的呈现形式和效果。

综上所述，虚拟美学技术在应用中需要克服技术的局限性。虚拟美学技术需要进行持续的创新和技术研究，以应对技术的不足和进行实践创新，让作品呈现更为真实、自然和丰富的效果。同时，也需要多听取使用者的反馈和意见，不断对虚拟艺术的呈现形式和效果进行优化，以满足用户的需求和感受。

第六节　虚拟美学在文化传承中的实践案例

虚拟美学作为一种新兴的艺术形式，正逐渐成为文化传承的新方式。通过虚拟美学技术，人们得以以更加生动、灵活的方式向世界展示不同的文化遗产，展现当地各种文化的多样性和独特性，促进文化的多元发展。接下来，本书将介绍虚拟美学在文化传承中的一些实践案例。

一、文化遗产的数字化复原

（一）古董商店的宝藏

中国香港"古董商店的宝藏"项目利用虚拟现实技术，将中国香港底层文化的一部分完整地还原出来，让人们通过丰富的互动体验走进不同年代的香港，并且了解香港的历史和文化。项目中，通过拍摄现代的环境，并将其重新建构为当时的场景，还原当时的生活气息，展现出各个时期香港的家居、生活、街区、货摊等，通过虚拟现实技术，让参观者仿佛走进了一条历史时空隧道。

（二）美国国家博物馆

美国国家博物馆通过3D数字化技术还原了无数件珍贵的文化遗产。这些3D数字化物品包括了人类历史上各种文化珍品，从埃及法老的巨大真人雕像，到中国秦朝以及古代南美洲的金制品等，甚至还有黑洞的数学模型。博物馆对这些数字化物品进行了详尽的拍摄，并且利用多个摄像机同时拍摄，从而得到了非常精细的三维模型。利用虚拟现实技术，参观者可以随意游览 3D 博物馆展馆，并在其中找到自己感兴趣的文化遗产。

（三）川菜博物馆

川菜博物馆位于中国成都，该博物馆利用虚拟现实技术打造出了一个体验区。在这里，不仅可以看到传统川菜的制作和历史，还可以在虚拟现实中亲身感受和体验川菜制作的过程。这种让游客亲身参与的互动体验方式，把传统的文化遗产和现代科学技术结合在了一起。

二、文化艺术创造的数字展示

（一）巴黎圣母院数字化成像计划

在巴黎圣母院大火之后，法国文化部和遗产专家决定对这座建筑进行数字化成像，以便在未来对这些遗产进行后续的保护和修复。利用激光扫描等技术，已经成功采集了圣母院内部和外部相当一部分的精度点。

利用 3D 全息图模拟技术，这些数字扫描数据已被转化成一个非常逼真的 3D 模型，甚至可以在虚拟现实中重现圣母院大火的那一刻。此外，这个数字化模型也可以为修缮团队提供参考，以便更好地控制修缮成本和时间，减少对现有结构的破坏并降低风险。

（二）洛杉矶艺术博物馆（The Musenm of Contemporary Art Los Angeles）

洛杉矶艺术博物馆通过展示一系列大规模装置和动态视觉艺术计划"HEX"，与每个特定时期的文化等的展览，使参观者可以直观地感受到不同的视觉和思想体验。虚拟现实技术将作品转化为一个完整的虚拟世界，在 VR 眼镜搭配的控制器的帮助下，参观者可以全方位的自由视角去探索艺术的多面性。同时，在虚拟现实界面上，LACMA 展出了来自非洲、亚洲、拉丁美洲等不同文化背景的文物，让观众从虚拟空间感受到多元文化之美。

(三）纽约市双年展

虚拟现实和数字技术在纽约城市的文化生态中发挥着重要的作用。纽约市第 77 届双年展上，VR 技术成为展览的一个重要组成部分。在展览中，包括玛丽娜·阿布拉莫维奇（Marina Abramović）在内的多位艺术家们利用虚拟现实技术来创作出了一系列细致而逼真的 3D 虚拟现实艺术作品，这些作品展现了不同时期的文化现象，从而扩大了人们对文化表达的理解和认知的范围。

三、文化交流的互动平台

（一）博物馆与文化遗产的在线重建

博物馆是传承和保护文化遗产的重要场所，通过展示文物，人们可以更好地了解历史、文化、艺术和科技等方面的知识。然而，由于各种原因，文物存在着退化、损毁等问题，这不仅影响了文物的保存，也影响了人们对历史和文化的认识。为了解决这个问题，一些博物馆和文物保护组织开始采用数字技术，对文化遗产进行在线重建，以此保护、传承和普及文化遗产。

新西兰国家博物馆的"在线重建"项目就是一个很好的例子。该项目利用数字化成像技术，对文物进行在线重建，以此尽可能地恢复文物的原貌和历史特征。而通过互联网技术，人们可以在网页上随时随地地获取文物的详细信息，这让文物的历史和背后的故事得以真正地传承下来。同时，在线重建项目也可以预测文物的退化和翻新风险，这为文物的修复提供了重要的参考和指导。

对于文化遗产的保护与传承，数字技术的作用不仅限于文物的在线重建。数字化技术还可以对文物进行数字化保护和数字化存档，保证对文物的保护，同时也方便了文物的研究和传承。数字技术还可以让人们更好地了解文化遗产的价值，通过虚拟现实技术，人们可以身临其境地感受文化遗产的历史和价值。

在线重建项目的开展，不仅可以让人们更好地了解文化遗产的价值，也为文化的交流与传承提供了便利。在线重建让文化遗产能够通过互联网技术，以线上的形式传播到全球各地，让更多的人了解和关注文化遗产，以此传承和保护文化遗产，对于推动文化的发展也具有重要的作用。

此外，在线重建项目的开展，也为各国博物馆的建设提供了有益的经验和参考。在线重建项目需要博物馆和文物保护组织有着先进的数字技术和丰富的文物保护经验，这可以促进文物保护与研究的发展，有助于提高博物馆的专业素质和参观体验。

（二）模拟走进古文化

"古战场"项目是一项运用虚拟现实技术，让人们走进古代文化的创新性尝试。通过这个项目，人们可以身临其境地了解古代军事历史，不仅可以欣赏历史遗迹的建筑风格，更可以了解历史事件的现场情况。这一切皆得益于"古战场"项目所采用的虚拟现实技术。

虚拟现实技术是一种沉浸式体验，它通过模拟现实世界的物理特性和感官体验，营造出一种仿佛真实的场景，让人们身临其境。而利用虚拟现实技术，可以让用户自由行动、实时交互、全方位感受古代文化。在"古战场"项目中，虚拟现实技术以其逼真的模拟和完美的沉浸感，将古代城市、生活交通等场景再现，让用户可以在其中自由穿梭、观察和探索。

通过这样的体验，人们可以更好地了解和感受古代文化的价值和思想。虚拟现实技术让人们仿佛走进了古代，身临其境地感受古代人民的生活环境、社会制度、军事防御，从而更加全面地认识古代文化。此外，项目的沉浸体验也可以激发人们的学习兴趣和创造力，帮助人们更好地挖掘和传承古代文化的精髓。

虚拟现实技术在文化领域的应用前景十分广阔。除了"古战场"这样的历史文化项目，虚拟现实技术还可以用来模拟文学作品、表演艺术等，让观众像亲身体验一样完全沉浸于作品之中。例如，可以通过虚拟现实技术来模拟莎士比亚剧作的舞台表演，不仅可以让观众体验到畅快淋漓的表演，还可以加深对戏剧文学的理解和认识。

总之，虚拟现实技术的出现给人们提供了走进历史的新方式。相比传统的文化遗产保护和展示方式，虚拟现实技术具有更强的互动性和沉浸感，可以更加吸引人们的注意和兴趣，促进文化的传承和发展。虚拟现实技术给人们带来了更多的文化交流和互动的可能性，这将为文化领域带来新的机遇和希望。

虚拟美学的技术应用正逐渐成为文化传承的新方式。在各种虚拟艺术创造和文化交流的实践中，虚拟美学技术以其自身的特殊技术、艺术形式和文化参考价值，为人们带来了全新的视觉和思想体验，尤其是在面对一些原本需要付出很高代价才能体验的文化和艺术遗产时，虚拟美学技术扮演了越来越重要的角色。虽然虚拟美学技术在文化遗产展示和呈现中所面临的问题和挑战也颇多，然而，虚拟美学创造的质量、丰富程度和艺术性都在不断提高，相信虚拟美学技术未来的应用将进一步实现虚拟、互动、创新和普及化。

第七节 虚拟美学与文化创新的互动关系

虚拟美学和文化创新是当前数字时代发展的两大趋势，二者之间存在着密切的互动关系。虚拟美学的发展提供了全新的表现方式，为文化创新提供了广阔的空间和可能性。而文化创新的推进，则孕育和促进了虚拟美学的进一步发展。本章节将阐述虚拟美学与文化创新之间的互动关系，并提出具有启示意义的建议。

一、虚拟美学对文化创新的推进

虚拟美学是一种数字化时代下的审美趋势，它把握了数字技术快速发展的机会，以人类视觉和听觉的感官经验为基础，开发出了一系列数字化画面、音乐、游戏等。虚拟美学将现实世界和虚拟世界融合在一起，打破了传统意义下的空间和时间界限，为人们带来了全新的审美体验。

虚拟美学对文化创新的推进体现在以下几个方面。

（一）催化文化多元性

虚拟美学在当代艺术和文化中扮演越来越重要的角色。它提供了一种有效的方式来突破物理和地理的限制，使我们能够在数字时代体验、分享和创造艺术和文化作品。

随着人们对数字技术的普及和流行，全球正在经历着一场文化变革。虚拟世界为我们提供了无限可能，我们能够在虚拟世界里体验到各种类型的艺术和文化。例如，我们可以在虚拟博物馆中观看来自世界各地的艺术品和历史文物，参与网络文化活动，欣赏音乐表演和参加在线文化交流等活动。

虚拟美学改变了传统文化模式，不再将文化定义为一个地理和物质属性的集合，而是将其视为一种基于信息和数字技术的文化形态。这种转变带来了新的挑战和机遇，它让我们更加迫切地需要重新审视文化多元性对于文化发展的重要性。

虚拟美学的出现为文化的多元性提供了新的机遇和平台。人们可以利用虚拟世界中的各种资源来扩展文化，以实现文化的增长和繁荣，特别是其中包含了许多非物质文化遗产，更能够得到保护和传承。

虚拟美学改变了人们对美学和文化的认识。它使我们更加开放、高效地进行传统和新兴文化的全球交流。任何人都可以在虚拟美学的平台上表达自己的想法，分享自己的经验，并从其他人的想法和经验中获得启发。它为人们提供了在全球范围内分享的机会，以及扩大人们的文化视野和认识到不同文化具有的价值。

虚拟美学提供了一个新的文化创意空间，促进了人们在文化方面的理解和交流。这种多元性催化着文化的进步，让我们能够更好地了解和理解其他文化，创造出更丰富和有趣的文化作品。通过虚拟美学，人们可以在数字世界中实现各种文化的图像、音乐、文字、视频等形式，这样可以有效地推广文化多样性。

总之，虚拟美学在当代文化交流和推广中的作用越来越重要。它提供了一个新的途径来创造、展示和分享文化。随着数字技术的不断发展和应用，虚拟美学将继续推动文化多元性的增长和繁荣，为人们提供更开放、自由、创造性和全球化的文化空间。

(二) 提升文化体验价值

虚拟美学作为数字技术和艺术的交叉领域,不断推进着文化体验的升级和价值的提升。它赋予了文化更多的驾驭方式和呈现方式,为文化的传播和演绎方式带来了全新的可能性,让人们能够更好地认识和体验文化的内涵,同时也促进了文化的发展和创新。

首先,虚拟美学的虚实互动性为文化体验提供了更加丰富和多元的方式。它通过虚拟现实、增强现实和全息技术等,为人们带来了更为真实的文化场景和视觉体验,让人们获得更加直观、沉浸式的文化感受。例如,在虚拟博物馆中,人们可以在虚拟的环境中近距离观赏文物和艺术品,以一种全新的方式理解和感受文化的内涵;而在虚拟的文化演出中,人们也可以通过虚拟现实技术亲身体验不同文化的表演和文化演绎,体验文化的多元性和丰富性。

其次,虚拟美学的互动性为文化体验提供了更加深入和个性化的方式。通过参与虚拟的文化活动,人们可以自主选择并定制自己喜欢的文化体验,在互动的过程中更深入地理解和感受文化的内涵,以此提升文化识别和认知。例如,人们可以通过虚拟的文化学习平台,自由选择自己感兴趣的文化知识和技能的学习内容,增强文化素养和认知水平;而在虚拟的文化互动游戏中,人们也可以通过游戏的互动性和角色扮演来更加深入地了解文化和历史的故事,从而提升对于文化的情感体验和认知。

最后,虚拟美学与传统文化的融合,正推动文化向更高层次发展。虚拟美学技术的应用,为传统文化的传承和创新带来了新的机遇和可能。通过数字技术的加持,传统古建筑、文物和各种民俗文化等得以不断地更新和翻新,逐渐吸引了更多年轻人的关注和参与;而传统文化和虚拟美学相结合,也创造了新的文化表现和创新,扩大了传统文化的影响力和价值。例如,在虚拟的文化展览中,传统文化的元素可以通过数字艺术的呈现方式重现,打破时间和空间的限制,让更多人参与到文化的创新和演绎中来;而在虚拟的文化演出中,传统文化的元素也可以与现代科技互动融合，创造出更为多样化和富有个性化的文化体验。

综上，虚拟美学的出现和应用，不仅为文化体验提供了更丰富和多样的方式，也为文化的传承和创新带来了新的机遇和可能，推动文化向更高层次发展。随着虚拟美学技术的不断升级和发展，我们相信，在文化的表达、推广和传承方面，虚拟美学的地位和作用将会越来越重要。

（三）拓展文化表达方式

虚拟美学作为数字科技和艺术的交汇之地，为文化表达提供了从未有过的新途径。它充满想象力、创造力和多样性的特点，让我们能够以更为自由和灵活的方式，表达和传递文化的内涵和价值。在文化创作中，虚拟美学提供了新的维度和表达方式，让文化创作者能够充分发挥他们的创造力和想象力，创造出越来越多认知上的启迪和审美上的震撼，从而让文化创意与虚拟美学之间形成艺术和审美共同体交流、融合与学习的关系。这种新的文化表达方式，正以一种全新的方式推动文化的发展和传播，让更多人了解和认知文化的内涵和价值。

首先，虚拟美学为文化创作提供了更加灵活和自由的表达方式。通过虚拟现实、增强现实等虚拟美学技术，文化元素得以以全新的姿态呈现，让文化的存在形式更加多样化。例如，在虚拟的文化展览中，文化展品可以更为生动、多元化的方式呈现，通过数字技术的加持，文化展品更加接近于现实，增加了互动性和参与感；而在虚拟的文化演出中，文化元素的呈现方式也更为多样和自由，不受时间和空间的限制，人们可以随时随地欣赏到文化的表演和演出，让文化运动起来，活跃起来。

其次，虚拟美学延伸了文化创作的触角。它打破了时间和空间的壁垒，让文化元素和文化创意能够跨越国界、地域和时空限制，创造出全新的文化产品和体验。例如，在虚拟的文化学习平台中，文化创作者可以随时随地学习各种文化知识和技能，不再受限于传统的学习方式和场所，同时也可以让更多人通过虚拟的文化学习平台，了解和认识更多的文化知识；而在虚拟的文化演出中，文化元素的呈现方式更加丰富和多元，能够吸引更多人参与进来，让文化的内涵和价值得到更广泛地传播和弘扬。

最后，虚拟美学正推动文化向更高层次发展。它将数字科技和艺术融合，将传统文化和现代科技相结合，让文化表达和创新方式不断地升级和拓展。通过数字技术的加持和虚拟美学的呈现方式，文化与科技有机地结合起来，创造出更为有创意和多元化的文化作品和体验。例如，在虚拟的文化创意平台中，文化创作者可以通过数字科技和虚拟美学，更加自由地创造出理念新颖、技术创新的文化作品，推动文化向更高层次、更为多元化和先进化的方向发展。

总之，虚拟美学作为数字技术和艺术的重要交汇点，为文化创作与表达提供了新的途径和可能性，让文化的内涵和价值能够以更为多元和创造性的方式得到呈现和传播。在未来，虚拟美学将会发挥更为重要的作用，在推动文化创意和表达中不断地去拓展文化表达方式，让文化变得更加富有生命力和魅力。

二、文化创新对虚拟美学的促进

文化创新是一种以人类生产和生活实践为基础，经过人类智慧创造的价值创新方式。随着社会生产和科技创新的深入推进，文化的自我创新越来越成为一种趋势，它也直接影响到虚拟美学的发展。文化创新对虚拟美学的促进作用主要表现在以下几个方面。

（一）文化完美融合

在当今数字化时代，虚拟美学技术在文化创新方面扮演着越来越重要的角色。虚拟美学技术本身就包含了更多元的想象和表达方式，而它与传统文化的相互交融则进一步拓展了文化创新的可能性。文化与虚拟美学完美融合，既体现了对传统文化的尊重和延续，也为文化创新注入了全新的生命力和活力。

首先，文化与虚拟美学的完美融合丰富了文化的内涵与外延。传统文化作为一种文化系统，无论是语言、文学、艺术、哲学还是传统习俗等各个层面，都集中体现了特定时代和地域的智慧结晶。现代虚拟美学技术则通过数字化的手段，将文化元素转化为更加形象、感性化的表达方式。因此，文化与虚拟美学技术的完美融合，不仅丰富了文化内涵，而且通过更加形象化、生动化的表述,提高了文化外延的广度和通俗性,让更多人了解和认知文化。

其次,虚拟美学技术为传统文化注入了新的活力。利用虚拟美学技术呈现的文化创意,能够构建全新的文化形态,增加文化的流行度和多样性。例如,数字化的虚拟博物馆,可以通过全息投影等高科技手段,将展品呈现出更加新奇、生动的效果,吸引更多年轻人加深对文化的了解和认知。而通过虚拟美学技术加强的文化演出,也能够让人们更好地领略传统文化的魅力。这样的文化创新,让传统文化更具生命力和再现性,同时也是在传达文化的广度和深度上不断实现着新的突破。

最后,文化与虚拟美学的完美融合,为人们提供了更加多元的虚拟体验和感受。在虚拟现实、增强现实等虚拟美学技术的加持下,人们能够进一步体会到传统文化的内涵与情感,拥有更多元的文化认知和审美体验。例如,在虚拟博物馆中,人们穿越时空,呈现在他们面前的不仅是文物的呈现,还有更加丰富的环境音效、互动体验等,让人与文物之间的触觉交流越发真实;而在虚拟演出中,文化元素呈现方式更加多样和自由,令人沉浸在互动的文化活动中,更加切身地感受到文化的内容和情感。

总之,文化与虚拟美学的完美融合,为我们带来了一个更为多元的文化世界。它体现了对传统文化的崇敬和延续,但同样又在不断地将传统文化带入新的时代、新的维度、新的高度。这种文化创新,不仅为文化的发展和传承注入了新的活力,更让我们对文化、科技和人文之间的关系有了更加深刻的认识。

(二)文化创新优化虚拟美学

随着时代的不断进步,虚拟美学技术正在逐步走向成熟。虚拟美学技术本身已经具备了许多特点和优势,但是,其在一些具体应用中可能还存在一些不足之处,例如用户体验不佳、技术失灵等问题。这时,文化创新就为虚拟美学技术的优化提供了借鉴和参考。文化创新通过不断地探索、实践和总结,积累了许多优秀的创新案例和经验,这些经验也可以为优化虚拟美学技术提供有益的启示。

首先,文化创新在实践中所倡导的"尊重文化底蕴、创新文化形态"

的理念，也可以作为引领虚拟美学技术发展的指导思想。传统文化中包含了大量的文化元素和语言符号，也包含了丰富的审美经验和情感价值。在虚拟美学技术的开发中，可以充分利用传统文化的素材和资源，融合当下的数字化技术，创造出更具魅力的虚拟形象和场景。这样的技术发展路径，更符合消费者多元化的需求，也能够更好地满足文化产品的多样化和创意化。

其次，在文化创新中还要注重文化与科技的融合，这也是虚拟美学技术优化的重要路径。文化与科技的融合，可以让传统文化更加具有活力与创新，同时在虚拟美学技术的研发过程中，也能够提升技术的前沿性和实效性。例如，在数字游戏中，通过融合文化元素和新技术，可以创造出更为丰富、互动、体验性强的游戏内容，深度挖掘传统文化的构成要素，增强玩家对文化内核的认知。

最后，在文化创新中，注重用户需求的反馈和体验，也是优化虚拟美学技术的重要途径。优秀的文化创新是由用户需求引导所构建的，而虚拟美学技术的发展也必须将用户的实际体验放在技术的核心位置。只有从用户的需求出发，通过技术不断改进，才能更好地提供展示文化、传递文化、享受文化的途径。例如，在虚拟博物馆中，根据不同的用户需求，结合 VR、AR 等技术，可以设计更加贴近实际的沉浸式展览内容，提升用户的参与度和体验感。

综上，在技术创新和文化创新的推动下，虚拟美学技术在未来的发展中有无限可能。文化创新为虚拟美学技术发展提供了参考和借鉴，其"尊重文化底蕴、创新文化形态"等思想，将成为虚拟美学技术在发展中必须遵循的指导原则。虚拟美学技术的优化，需要充分注意用户需求、技术与文化的融合等诸多方面，才能更好地推动虚拟美学技术的创新和发展。

（三）文化创新拓展虚拟美学的应用领域

文化创新是一种新型的文化生产方式，是由新技术和文化相结合而形成的。文化创新从文化的角度出发，通过创造出新形态的文化产品来推动文化的发展和创新。在现代社会中，随着科技的快速发展，虚拟美学技术作为文化创新的新兴力量，已经开始在各个领域得到广泛的应用。

虚拟美学技术本身就是一种文化创新的体现。通过虚拟美学技术，人们可以创造出各种神奇的、不存在的虚拟世界。虚拟美学技术可以通过数字处理技术将现实世界中的景物和物体进行数字化和再造，进而让用户在虚拟世界中获得更为广泛和更为丰富的体验，这些体验已经越来越贴近真实，且在某些方面甚至超过了现实世界。

　　文化创新拓展虚拟美学的应用领域。随着虚拟美学技术的不断发展，其在文化领域中的应用也开始不断拓展。在文化领域中，虚拟美学技术可以协助文化艺术的创作和展示，也可以利用文化背景和景观创建虚拟的文化体验。

　　例如，在数字艺术领域，虚拟美学技术已经广泛应用。通过虚拟美学技术，可以让观众在虚拟现实中获得更为真实、更为震撼的艺术体验。数字艺术家们可以利用虚拟美学技术的帮助，创作出更为独特和多样的数字艺术作品，这为数字艺术的发展提供了全新的可能性。

　　除此之外，虚拟美学技术在文化创新中还可以为文化产业的营销、推广等环节提供帮助。例如，在旅游领域，通过虚拟美学技术，可以让游客不出门就能够体验到目的地的美景，这为旅游产业的推广带来了全新的意义。同时，虚拟美学技术还可以协助文化产品的开发和制作，例如文化教育类的游戏软件，可以通过利用虚拟美学技术来体验古代文化的历史背景、人文精神和审美特色等。

　　总之，在文化创新的推动下，虚拟美学技术已经从传统的电影、游戏、动画等领域逐渐拓展至文化、艺术、旅游、教育等领域。这些领域的丰富应用将使虚拟美学技术逐渐走向成熟和完善，同时也为我们的文化产业发展带来全新的机遇和挑战。

三、启示

　　伴随数字时代的不断深入，虚拟美学和文化创新之间的互动关系越来越密切。在这个互动关系中，虚拟美学和文化创新相得益彰，推进着数字时代的文化发展。下面提出几个具有启示意义的建议，以期能够促进虚拟美学和文化创新的更好互动。

（一）加强跨界合作

虚拟美学和文化创新的互动需要文化和技术的融合，这需要不同领域企业、学校以及个人之间的跨界合作。只有加强跨界合作，才能打破单一领域发展局限，更好地推进虚拟美学和文化创新的发展。

（二）注重产业发展

虚拟美学和文化创新作为新兴产业，需要得到重视。加大对相关产业的培育力度，提高产业专业化水平，增强企业产业化发展能力，是促进虚拟美学和文化创新长远发展的关键。相关部门应明确发展政策，全面支持相关企业的研发和生产。

（三）完善教育体系

虚拟美学和文化创新是数字时代的未来，确立完善的教育培训体系，加大培训力度，增强相关人才的创新能力和市场竞争力，对于推动虚拟美学和文化创新向更高水平发展，具有重要的意义。

（四）不断拓展应用场景

要让虚拟美学和文化创新的互动关系更为广泛深入，需要不断拓展应用场景。将虚拟美学技术与文化创新理念贯通，随着技术的发展而不断拓宽应用场景，让更多的人，更真实地接触和感受到虚拟美学和文化创新，这是持续推动两者互动的一个重要方向。

参考文献

[1] 陈兴业:《虚拟美学的定义、特征及其对现实美学的影响》,载《艺术探索》2020年第3期。

[2] 戴丽莉:《虚拟美学、人工智能与未来艺术的关系》,载《北京艺术教育》2020年第4期。

[3] 杜凯:《从"意象共振"看中国意象美学对虚拟美学的启示》,载《论文集》2021年。

[4] 高翔:《基于虚拟现实的艺术创作及其美学特征分析》,载《河南美术》2020年第3期。

[5] 龚云:《从"虚拟空间"到"意象空间":虚拟美学的理论探索》,载《美学理论与批评》2021年第2期。

[6] 姜芳:《建构虚拟美学范式推动文化创新》,载《美术研究》2021年第4期。

[7] 金晓莉:《虚拟美学的时空感知探析》,载《美术理论与批评》2019年第5期。

[8] 李淑萍:《基于虚拟美学的文化传承保护策略研究》,载《文化遗产保护与传承》2020年第4期。

[9] 李燕妮:《"虚拟美学"视角下的科技与文化融合》,载《科技与创新》2021年第2期。

[10] 刘佳:《从意境到意象:虚拟现实技术在艺术创作中的应用》,载《当代艺术评论》2021年第1期。

[11] 刘培根:《虚拟美学在数字文化产业中的应用与发展》,载《中国信息化》2021年第8期。

[12] 吕秀红:《虚拟美学对当代应用设计的启示》,载《设计艺术》2020年第3期。

［13］王建平：《艺术创作中的虚拟美学元素分析》，载《艺术设计理论与实践》2019 年第 2 期。

［14］王倩楠：《虚拟美学视角下的数字文化创新》，载《数字艺术与设计》2018 年第 4 期。

［15］王志毅：《虚拟美学与当代工业设计创新》，载《工业设计》2020 年第 5 期。

［16］魏欣：《"互联网+"时代下的艺术传播与虚拟美学的融合》，载《传媒评论》2019 年第 4 期。

［17］徐俊生：《虚拟美学与艺术设计实践创新》，载《广告创意与设计》2018 年第 12 期。

［18］许洁：《当代视觉艺术中虚拟美学的研究与实践》，载《视觉艺术研究》2018 年第 3 期。

［19］杨婷：《虚拟美学与未来教育发展的关系探讨》，载《教育探索》2019 年第 5 期。

［20］张鹏飞：《意象美学与中国传统文化》，载《文艺研究》2018 年第 6 期。

［21］张琴：《当代艺术中虚拟美学的表现形式研究》，载《美术与设计》2019 年第 6 期。

［22］张晓旭：《"数字人文"视角下的虚拟美学与文化创新》，载《数字文化产业》2021 年第 3 期。

［23］张亚娟：《虚拟美学在数字游戏中的应用实践》，载《数字游戏产业》2018 年第 6 期。

［24］赵建华：《当代艺术中的虚拟美学元素探析》，载《艺术与设计》2019 年第 2 期。

［25］赵静：《"互联网+"时代下的虚拟美学创新》，载《企业文化》2018 年第 10 期。